Replacer l'homme au cœur de l'attention

Nicolas Jeanson

Replacer l'homme au cœur de l'attention

Chronique d'un sauvetage industriel

LES ÉDITIONS DU NET
22, rue Édouard Nieuport 92150 Suresnes

à PJ, premier de cordée et grand précurseur en « désorganisation » méthodique

à JSC, mon maître en management

à VS, sans qui cette aventure tardive n'aurait jamais eu lieu

à MGB…

Avertissement : dans un but de discrétion et de respect des personnes, les noms cités dans ce récit ont été changés, sans rien retirer à l'authenticité des situations décrites.

ISBN : 978-2-312-02128-7

Prologue

« Une entreprise réussit grâce aux hommes et aux femmes qui la composent et la font gagner…

…Le développement de chaque collaborateur est un souci constant de la politique humaine qui utilise pour cela plusieurs leviers…

…Nous avons à cœur que les hommes et les femmes de l'entreprise s'y sentent bien pour donner le meilleur d'eux-mêmes. »

Ces déclarations d'intention tirées de la communication institutionnelle de Grands Groupes Français du CAC 40 sont bien séduisantes et ne choquent pas le bon sens. Mais sont-elles crédibles ? Faites pour donner du sens et susciter de l'adhésion, elles offrent à l'homme la place qu'il mérite, c'est à dire la meilleure…

À vrai dire, qui oserait proclamer le contraire ? Imagine-t-on une entreprise promettant du sang, des larmes et des boulets aux pieds de ses futurs collaborateurs ? Ce serait cocasse, mais au moins, personne ne songerait à se plaindre si ce contrat n'était pas respecté…

Placer l'homme au cœur de l'entreprise reste une aspiration assez communément partagée chez ceux qui croient en la dignité de toute personne humaine, en raison de sa nature propre.

Le travail ne devrait-il pas être fait pour l'homme, et non l'homme pour le travail ?…

Et pourtant, espérer envers et contre tout que « l'humain ne s'efface pas » en franchissant les portes de l'entreprise n'apparaît-il pas utopique aujourd'hui ?

L'actualité semble en effet nous répéter qu'entre les discours généreux et la réalité, les décalages peuvent rester substantiels et parfois violents.

En témoignent les préoccupations nouvelles concernant le stress et plus généralement l'attention portée à la santé psychique au travail.

Quelques exemples dramatiques récents ont mis en évidence la perversité de certaines pratiques managériales, au point qu'il est permis de se demander si certaines entreprises ne sont pas dirigées par de dangereux irresponsables. Comment en effet nommer autrement ces chefs qui poussent des collaborateurs « fragiles » à sauter par les fenêtres pour fuir les nouvelles contraintes du travail…

Dans un document publié en 2009, le MEDEF lui-même reconnaissait l'importance de cette problématique :

« Les conditions physiques de travail s'améliorent dans les entreprises. Les accidents connaissent une diminution régulière depuis de nombreuses années.

Pourtant la plainte des salariés ne s'atténue pas. Elle exprime désormais la pression, la tension, la surcharge de travail ou des conflits non résolus qui s'enveniment… et peut conduire à terme à une véritable rupture avec l'entreprise.

Bien plus, le management intermédiaire lui-même se sent concerné. Les cadres prennent de la distance par rapport à l'entreprise. Le malaise est d'autant plus important qu'un sentiment d'isolement gagne un nombre croissant de salariés. La solidarité, qui lie la responsabilité et le destin de chacun à ceux de tous, de sorte que chacun doit affronter les problèmes rencontrés par un seul membre du groupe, se vit différemment.

Et si l'on n'y prend pas garde, l'humain s'efface. Les symptômes sont divers, les situations variables selon les entreprises et les causes probablement multiples. »

Plongés dans un monde économique qui semble échapper à tout contrôle, bien des responsables apparaissent ainsi déboussolés et impuissants dès lors qu'il s'agit de répondre aux exigences d'un management qui soit respectueux des personnes.

Souvent écartelés entre les contraintes de leur fonction et la voix de leur conscience, ils ressentent un profond malaise, qui les rend malheureux ainsi que, par capillarité, ceux qui vivent dans leur sillage.

La financiarisation à outrance de l'économie est souvent désignée comme le principal coupable. Elle aurait créé des engrenages destructeurs irrésistibles qui expliqueraient de façon structurelle l'impasse dans laquelle le monde du travail se serait engagé.

Pour atteindre des objectifs de court terme de plus en plus ambitieux, une pensée mécaniste et comptable aurait progressivement imposé ses modèles d'obtention de la performance. Les paramètres principaux de la nouvelle organisation qui en découle seraient devenus : finance – contrôle – rentabilité. L'homme aurait été réduit à une fonction de rouage, dont la survie ne dépendrait que de sa conformité calibrée aux exigences de l'organisation…

Comment alors éviter cet « effacement de l'humain » tant redouté ?

Est-il seulement possible d'envisager manager différemment sans pêcher par naïveté ? Selon le vieux dicton, ne faut-il pas casser quelques œufs pour réaliser une omelette ?

De nombreux exemples démontrent que l'apparente contradiction insurmontable entre un management respectueux des personnes et l'obtention de bons résultats économiques n'est pas une fatalité.

Sous des latitudes variées, dans des contextes historiques et culturels différents, des entreprises de toutes tailles ont su créer des environnements favorables à l'épanouissement de leurs collaborateurs et à l'obtention d'excellents résultats dans la durée.

Ces entreprises ont su développer des lieux de travail où, globalement, il fait bon vivre, où les personnes peuvent se développer, où chacun se sent reconnu et responsable, où l'esprit d'équipe est une réalité vivifiante, où les relations hiérarchiques sont bien vécues, où la vision de la performance collective oriente l'action individuelle…

Peu médiatisées, parce que les media ne s'intéressent qu'aux trains qui n'arrivent pas à l'heure, ces expériences sont pourtant très riches d'enseignements et d'espoir.

Comment bien voir ce qui devrait être aveuglant ?

Pourquoi semble-t-il si difficile de s'inspirer des bonnes pratiques qui ont fait leurs preuves ?

Comment, par exemple, encore rester bloqué sur la croyance simpliste selon laquelle « seuls les résultats comptent », alors que l'expérience démontre que seule la façon de parvenir ensemble au résultat garantit des résultats réels et durables ?

Que manque-t-il pour tenir fermement en main l'équilibre indispensable entre l'exigence de résultats et l'impératif de respect des personnes ?

Pour ma part, que pourrais-je avoir à ajouter sur un sujet qui a déjà été traité par beaucoup plus réputés que moi ?

J'ai eu la chance unique de me voir confier une usine au bord du gouffre.

Fort de mon expérience et de mes convictions, j'ai osé diriger…

En l'espace de dix mois, je me suis efforcé de remettre à l'endroit ce qui avait été mis à l'envers.

Toutes choses étant égales par ailleurs, les résultats obtenus par la seule mise en place d'un management de bon sens, respectueux des personnes, ont dépassé les attentes…

Certains de mes amis m'ont demandé de communiquer cette expérience, réalisée quasiment « en laboratoire », sans imaginer une seconde la difficulté de l'exercice d'écriture qu'ils me poussaient à entreprendre…

C'est pourquoi, conscient du risque d'ajouter un témoignage de portée bien modeste aux centaines de livres de management déjà publiés, je souhaite néanmoins partager les leçons de cette histoire singulière, où l'on verra qu'il suffit de peu pour inverser le cours des choses en peu de temps…

Puisse ce témoignage répondre aux attentes des responsables qui, loin de s'adonner au sport national de l'indignation et de la protestation, cherchent des réponses concrètes aux défis actuels du management des entreprises, et, peut-être de façon plus large, du progrès des communautés humaines.

Le coup d'envoi

Un jour, mon ami Valentin me fait une proposition inattendue. DRH d'un Groupe Industriel Pharmaceutique pour lequel j'offre mes services de conseil en management, il me parle de la situation de l'une de ses usines :

« Cette unité va de plus en plus mal. Nous avons décidé de nous séparer de son directeur qui est complètement dépassé par les évènements. Cela te dirait-il de nous donner un coup de main en prenant la direction de cette usine, pendant le temps nécessaire au recrutement que je viens de lancer ? »

Surprise complète de ma part !

Pendant que je bredouille une réponse d'attente polie, du style « pourrais-tu m'en dire davantage ? », les questions défilent à toute allure dans ma cervelle de consultant.

Fort d'une longue vie industrielle antérieure, j'exerce depuis quatre ans une activité de conseil en management. Le propre de cette activité est d'assister, d'accompagner et non de faire à la place de son client. Je me souviens de l'adage selon lequel si vous ne savez pas faire quelque chose, il faut l'enseigner…

En cette circonstance, on ne me demande plus d'être confortablement installé à l'arrière, mais de me retrouver de nouveau opérationnel en première ligne.

Je vois bien le risque de cette mission temporaire : atterrir brutalement dans une usine en crise pour une durée courte et dans un métier que je ne connais pas bien, que diable vais-je bien pouvoir y faire d'utile ?

Je n'ai pas de doute quant à ma capacité de diagnostic, mais quid de la conduite d'une action de changement ? Je sais toute l'importance des relations de confiance pour réussir et connais par expérience la valeur du temps : « le temps ne respecte pas ce qui se fait sans lui… » Or la durée probable de la mission est évaluée à quatre mois.

La prise de risque personnelle est évidente. En cas d'échec, la sanction serait ma perte de crédibilité auprès d'un bon client. Et je passe sur la transformation de ma vie familiale qui m'éloignera de mon épouse préférée…Le jeu en vaut-il la chandelle ?

D'un autre côté, cette Entreprise que je connais maintenant depuis trois ans me plaît. Il s'agit d'un Groupe français, en croissance externe rapide et régulière, par reprise d'usines à ce qu'il est convenu d'appeler la « Big Pharma ». Il réalise un chiffre d'affaires de 260 millions d'euros et emploie environ 2 200 personnes.

Entreprise de nature « patrimoniale », ses dirigeants actionnaires majoritaires ont une vision stratégique moyen-long terme et une volonté de développer une culture de fonctionnement interne fondée sur des valeurs d'autonomie, de responsabilité et de souci pour les personnes.

Valentin me connaît bien. Nous avons travaillé ensemble dans une vie antérieure et il n'a pas gardé un trop mauvais souvenir du boss que j'étais alors. Il souhaite que j'accepte de relever le gant qu'il m'a gentiment agité sous le nez et, pour m'entraîner plus avant, il me propose de rencontrer Camilla, la Directrice Industrielle, patronne des usines du Groupe.

Je l'avais croisée un an plus tôt dans l'usine de Rosières, alors qu'elle venait de prendre ses fonctions. Nous avions bavardé dix minutes autour de ma perception du fonctionnement de cette usine, et de son Comité de Direction que j'accompagnais alors. Pour autant que je m'en souvienne, le contact avait été chaleureux et intéressant.

Je me suis donc présenté au « Bureau Chef » quelques jours plus tard pour un entretien « de recrutement » qui s'est avéré atypique. A aucun moment Camilla ne m'a interrogé sur mes expériences antérieures, ou vraiment cherché à savoir qui j'étais, comme si la lecture de mon CV et les commentaires de Valentin lui suffisaient. En fait, elle ne semblait intéressée que par mes réactions à la description qu'elle me faisait de la situation de l'usine d'Eybouleuf. Et quelle situation !

Le portrait brossé à grands traits était inquiétant : clients très mécontents car tous livrés en retard, équipe de Direction sans cohésion, forte dégradation des résultats économiques passés dans le rouge sur les deux derniers mois.

Pour l'histoire, ce site, créé en 1960, a appartenu successivement à trois entreprises « Big Pharma » avant d'être reprise il y a dix ans par l'exploitant actuel. 220 personnes s'y activent afin de servir une vingtaine de clients, dont les quatre premiers représentent les trois quarts des ventes. Il faut ajouter deux particularités propres à ce métier pharmaceutique : les produits fabriqués ont une durée de vie longue, la main d'œuvre « indirecte » y est largement majoritaire, ce qui y rend la sensibilité économique aux volumes plus forte qu'ailleurs.

L'activité prévue les prochains mois est stable en volume. Il faut en outre préparer le démarrage d'un nouveau produit qui assurera la pérennité future du site.

Il ne s'agit donc pas d'élaborer ou mettre en œuvre des décisions douloureuses, comme un « Plan de Sauvegarde de l'Emploi », terme consacré par la novlangue pour signifier son contraire. Il est simplement question de faire fonctionner un site qui aurait tout pour réussir mais n'y arrive pas.

En première analyse donc, un site industriel à taille humaine, pas trop compliqué, mais en crise…

L'homme qui dirigeait l'usine depuis deux ans m'est décrit comme un jeune polytechnicien, habile dans la manipulation des concepts et l'élaboration des projets, mais peu capable de prendre des décisions, honnête homme mais « poisson froid », sans qualités de leadership, au point d'avoir perdu toute crédibilité auprès de son équipe.

C'est ce dernier point, apparemment sans espoir de rémission, qui justifie l'urgence de son départ, qui sera traité « à l'américaine » : annonce en tête à tête de la décision de séparation suivie dans la foulée de la remise des clés du bureau…

Cette mission aurait donc deux objectifs principaux : rétablir la confiance des clients et rétablir l'équilibre des comptes, en attendant l'arrivée de mon successeur, espérée dans quatre mois environ.

Ma décision est rapidement prise : au fond, la curiosité et le goût de l'opérationnel l'emportent. J'aime bien le conseil, mais j'aime peut-être davantage encore tenir le manche…

Rendez-vous est donc pris un mardi matin de novembre à Eybouleuf, où Camilla doit me présenter à l'équipe, me faire visiter l'usine et me confier les clés de mon nouveau terrain de jeu.

Premiers constats

L'équipe de direction

Un humoriste a dit : « méfiez-vous de votre première impression, c'est souvent la bonne… »

En ce mardi de novembre, la tristesse ambiante est ma première impression. Tristesse des lieux, mais surtout tristesse des personnes rencontrées dans cette première journée de prise de contact. Camilla me guide au travers de l'usine et nous saluons au pas de course celles et ceux qui sont présents au travail dans les différents départements.

Mon prédécesseur est parti le vendredi précédent. L'information a été diffusée le lundi. Les gens sont encore sous le choc de ce départ dont ils ne peuvent connaître toutes les raisons. Dans leurs regards, je peux lire un mélange de soulagement et de scepticisme. Soulagement parce que le siège du Directeur de l'usine n'aura pas eu le temps de refroidir, scepticisme parce que je leur suis présenté comme intérimaire. Je suis accueilli avec la politesse et la réserve qui conviennent, mais de toutes mes fibres je sens des gens déboussolés et inquiets.

Après avoir passé la matinée avec moi, Camilla me laisse poursuivre mes découvertes tout seul.

La mise en selle aura été rapide, mais aurait-elle pu être vraiment plus longue ?

Nous convenons alors de faire des points téléphoniques, à la demande, en fin de journée. Le principe de cette méthode de travail toute en souplesse me convient et se montrera très efficace pendant toute ma mission.

Béatrice, mon assistante me fait découvrir les subtilités de classement des dossiers de mon prédécesseur et me montre les piles de documents « en cours » que je dois lire pour entrer dans le vif des sujets.

Ma priorité est de rencontrer le Comité de Direction. Il est composé de cinq personnes, portant l'appellation flatteuse de Directeurs, avec lesquels je vais travailler de façon privilégiée.

Un Directeur de Production nommé Michaël

Notre premier contact a été un peu rugueux : me faisant visiter en détails son département, nous nous arrêtons devant un panneau d'information où sont affichés des indicateurs de productivité. Je le félicite pour ses indicateurs à jour, mais je m'étonne de ne pas voir les plans d'actions d'amélioration qui devraient en être tirés. Dans l'industrie, c'est une banalité : les indicateurs servent à rendre visibles les écarts de performance par rapport aux objectifs fixés <u>et</u> les actions qui visent à les combler. Primauté normalement donnée à la recherche du progrès continu…

Il perçoit mon observation-question comme un jugement de valeur négative sur son action et sa réaction est vive… et je comprendrai assez rapidement pourquoi.

Arrivé six mois plus tôt seulement, Michaël est déjà proche de l'épuisement. Jeune homme au profil en lame de couteau, vif et énergique, d'une honnêteté irréprochable, courageux et entreprenant, il se dépense sans compter pour mettre de l'ordre dans son secteur. Mais il se sent bien seul.

Lors de nos premiers contacts en tête à tête où je cherche à comprendre ce qu'il fait, il m'en donnera assez vite des exemples concrets.

Il a trois grosses épines dans le pied.

La première s'appelle Logistique

Ce département a notamment en charge la planification des opérations de production. Recevant les commandes des clients, la logistique coordonne les achats et approvisionnements des composants et matières nécessaires et élabore les programmes de production pour respecter les délais de livraison promis aux clients.

Cette fonction apparemment classique tire sa complexité de quelques singularités propres au métier pharmaceutique.

Les quantités sont lancées par lots, dont la taille est fixée une fois pour toutes dans les AMM

(Autorisation de Mise sur le Marché délivrée par l'ANSM[1]).

En outre, les exigences de qualité et de traçabilité imposent de fortes contraintes.

Toutes les matières et tous les composants qui entrent dans l'usine doivent être contrôlés par le Laboratoire qui va les « libérer » afin d'en permettre l'usage en production. Mal maîtrisé, ce point de passage obligé est une source de blocage apparemment incontournable et fréquent. Sans trop entrer dans les détails, certaines libérations ne sont valables que pour une durée déterminée, ce qui ajoute un élément de complexité supplémentaire…

D'autre part, la hantise du pharmacien industriel est la contamination croisée, c'est à dire le mélange accidentel de produits, qui peut survenir lorsque des médicaments de composition différente se trouvent successivement produits sur les mêmes équipements. Pour garantir l'intégrité du médicament, les opérations de fabrication et de

---

1. L'Agence nationale de sécurité du médicament et des produits de santé (ANSM) a été créée par la loi du 29 décembre 2011 relative au renforcement de la sécurité sanitaire des médicaments et des produits de santé.

L'ANSM s'est substituée le 1er mai 2012 à l'Agence française de sécurité sanitaire du médicament et des produits de santé (Afssaps) dont elle a repris les missions, droits et obligations. Elle a été dotée de responsabilités et de missions nouvelles, de pouvoirs et de moyens renforcés.

conditionnement sont toujours précédées de nettoyages minutieux et longs de l'outil de production.

La conséquence simple est une perte de productivité à chaque changement de produit. Et donc, plus les changements sont nombreux, plus les pertes de temps sont importantes. Pour le fabricant, l'enchaînement de plusieurs lots d'un même produit est une façon immédiate et peu coûteuse d'optimiser sa capacité de production et d'obtenir de bons résultats économiques.

Or à Eybouleuf, les retards de livraison ont pris une telle ampleur que les efforts de rattrapage promis aux clients n'ont fait qu'amplifier la désorganisation de la production. Pensant bien faire, la Directrice Logistique s'efforce de calmer l'impatience des clients en leur promettant l'impossible et en saucissonnant les programmes, en les changeant plusieurs fois par semaine, transformant le département de Production en épicerie de détail…

Michaël n'a aucun pouvoir de décision dans ce domaine, aussi déterminant de la performance de ses équipes. Le défaut de réalisme des programmes qu'il reçoit a comme conséquences la désorganisation du travail, la démobilisation des équipes, le manque d'efficacité, et un climat relationnel électrique avec la Directrice Logistique. Cette dernière n'hésite pas en effet à reprocher publiquement aux gens de Production leur manque d'engagement à respecter les programmes…

La deuxième épine s'appelle Qualité

Dans l'industrie pharmaceutique, les pharmaciens qui peuplent les Départements Qualité sont tout-puissants. De la même façon que les matières et composants entrant dans l'usine ont besoin d'être « libérés » pour être utilisés, aucun produit fini ne peut être expédié au client sans la signature d'un pharmacien.

Ce dernier s'engage personnellement pour garantir que les médicaments mis en vente sont conformes à leur cahier des charges et ne mettront pas en péril la santé des patients.

En cas de problème qualité détecté en cours de production, les solutions apportées doivent recevoir l'aval du pharmacien chargé de ces questions au sein du département Qualité.

En cas de problème ultérieur détecté sur le marché, la responsabilité personnelle du pharmacien « libérateur » pourra être mise en cause, avec comme menace de sanction ultime la perte de son diplôme et donc de son droit d'exercer son métier.

On ne doit pas plaisanter avec le respect des obligations de Santé Publique, et il n'est pas question ici de critiquer la rigueur sur laquelle le système Qualité Pharmaceutique est bâti.

Pourtant, cette rigueur peut avoir des effets pervers.

L'exemple que m'en donne Michaël est le suivant : venant d'arriver quelques mois plus tôt, il recherche une solution à un problème qualité en s'appuyant me dit-il sur son expérience et son bon sens. Sa proposition est refusée par le pharmacien qualité. Comme il insiste, ce dernier lui tient ce langage en tête à tête :

« Ici, c'est moi qui décide. Ne va pas t'imaginer que tu vas pouvoir me contourner. D'autres s'y sont essayés avant toi et j'ai fait ce qu'il fallait pour qu'ils soient virés… »

De fait, le prédécesseur de Michaël a été licencié…

Ne sachant alors à qui il pouvait accorder sa confiance, Michaël a gardé cet incident pour lui mais en a tiré comme conséquence que dans le domaine de la qualité, il n'avait pas non plus de pouvoir significatif.

Quelle conséquence pratique ?

La déresponsabilisation du personnel de Production qui attend les décisions des « ayatollahs » de la Qualité, qui recherchent à leur rythme une sécurité quasi absolue et appliquent sans discernement le principe de précaution.

A titre d'exemple, les opérations de contrôle visuel supplémentaires occupent à temps complet une quinzaine de personnes à mon arrivée dans l'usine ! Et Michaël me dit sombrement :

« Nous ne sommes pas une usine de production mais une usine de tri. »

La troisième épine s'appelle Management

Très tôt après sa prise de fonction, Michaël a constaté une multitude de dérives dans les pratiques professionnelles et les comportements de ses équipes. Le plus fréquemment, il s'agit de manque de respect de consignes ou de procédures qui génèrent pertes de productivité et problèmes qualité. Vient s'ajouter la pratique extensive de pauses non autorisées, joliment qualifiées de « pauses pirates » pour bien en faire ressortir le caractère délinquant.

Quelles en sont les causes ? Manque d'attention, manque de formation, manque de motivation, perte progressive de repères, mauvaises habitudes et laxisme des agents de maîtrise et des chefs de tout niveau ? Sans doute un peu de tout cela.

En tout cas, Michaël ne voit pas comment corriger cet état de fait sans prendre de sanctions négatives. C'est donc ce qu'il a entrepris depuis quatre mois, avec un mélange de courage et de prudence. Courage, parce qu'il n'hésite pas à dénoncer les déviations, mais prudence parce que ses sanctions se limitent le plus souvent à des avertissements, sans conséquence pécuniaire pour les intéressés.

Là aussi, Michaël se sent seul. Il a du mal à mobiliser ses agents de maîtrise qui se comportent instinctivement comme des mères-poules protectrices de leurs poussins qui ont une vie si difficile…Il est le seul Directeur à prendre des sanctions négatives et passe donc pour le « méchant » de la bande alors qu'il y aurait aussi matière à corriger des anomalies criantes dans les autres départements.

Mais les pratiques de mes prédécesseurs ont semble-t-il privilégié ce que les managers appellent pudiquement dialogue et apaisement pour masquer leur manque de détermination et leur crainte de retours de bâton sociaux. La paix sociale s'achète, dit-on, mais à quel prix ?

Pour être complet, Michaël n'est pas seulement dans le tout répressif. Il souhaite récompenser ceux qui font des efforts, qui progressent et font progresser les autres, qui obtiennent de bons résultats. Malheureusement, la politique salariale de l'usine est à zéro depuis deux ans et les moyens financiers de reconnaissance sont microscopiques.

Des promesses d'évolution ont été faites dans le passé et ne peuvent être tenues alors que les objectifs individuels fixés ont été atteints. Comment dans ses conditions maintenir le moral des meilleurs ? Comment encourager une dynamique dont le site a aussi cruellement besoin ?

A cette question brûlante, qui de toute évidence n'intéresse pas seulement le département de Production, je m'efforcerai d'apporter très vite une réponse encourageante.

Carine ou la directrice Logistique

Jeune femme dynamique et réactive, elle m'apparaît dans un premier temps comme une personne sur laquelle je vais pouvoir m'appuyer. Elle connaît bien les produits et les attentes des clients.

Elle est en première ligne pour écouter leurs doléances : ils se plaignent tous des retards de livraison !

Sous pression continue, elle passe le plus clair de son temps à gérer des crises et ne compte pas ses heures pour parer au plus pressé. Par la force des choses, elle est conduite à prendre des engagements et faire des promesses, non tenues pour la plupart depuis environ six mois…

Inutile de dire qu'il ne reste pas grand-chose de la confiance des clients. Elle le constate tous les jours, ce qui la chagrine, l'irrite et la rend vindicative vis à vis de ses collègues du CODIR. Elle se sent piégée et se plaint auprès de moi du manque de réactivité des départements Production et Qualité.

Comment en est-on venu là ?

Elle m'explique que presque tous les clients expriment leurs commandes fermes trois mois à l'avance, confirmant le plus souvent un état prévisionnel donnant une visibilité de six mois. On est donc loin des contraintes d'un système en « just in time » que j'ai pu connaître dans le secteur automobile. L'usine a sur le papier la capacité de production suffisante et en principe suffisamment de temps pour planifier de façon convenable l'enchaînement des opérations de production.

Tout irait bien pourvu que le niveau d'alea soit maîtrisé…

Or, pendant les derniers mois, tant les incidents qualité que la multiplication des pannes machines ont empêché l'usine de tenir ses délais de livraison.

Pour rattraper les premiers retards pris, mon prédécesseur a décidé de faire travailler plus. Ce qu'on n'a pas réussi à faire dans la semaine, on le rattraperait en fin de semaine. Heures supplémentaires le samedi dans un premier temps, puis équipe de suppléance le week-end. Paradoxalement, plus le nombre d'heures de travail augmentait, moins la productivité était bonne.

Comme quoi, un raisonnement juste arithmétiquement peut s'avérer faux dans la pratique.

L'observation des données montrait clairement que les retards n'étaient pas comblés et que l'augmentation des coûts d'exploitation plombait gravement les résultats économiques.

Comment sortir de cette spirale infernale ?

Pour Carine c'était simple. Les problèmes ne se situaient pas chez elle. Il fallait moins de problèmes de qualité. Il fallait moins de pannes machines. Il fallait que la Production respecte ses engagements.

Pourquoi pas ? Mais que faudrait-il changer pour réussir ces changements ?

Crispine dans le rôle de la directrice Qualité

A notre première rencontre, je me suis dit que c'était une erreur de casting. Pharmacienne responsable du site, elle portait sur ses épaules toute la misère du monde et sa bouche en accent circonflexe exprimait une tristesse contagieuse. Tout son « body langage » disait son accablement. Submergée par les problèmes qualité, elle se laissait aller à exprimer sa rage contre les « bons à rien » de la Production sans intelligence ni savoir-faire qui s'ingéniaient à lui pourrir son existence. Par ailleurs, elle n'avait pas beaucoup plus de bienveillance pour ses propres collaborateurs, en qui elle ne pouvait avoir suffisamment confiance.

Pour faire mon éducation et établir notre relation sur de bonnes bases, elle me fit valoir qu'elle dépendait directement du PDG du Groupe. D'ailleurs, si j'en doutais, je n'avais qu'à consulter le Kbis de l'entreprise.

Bien sûr, il fallait que je comprenne que ses décisions en matière de qualité étaient souveraines et que je ne pourrais rien faire pour m'y opposer. Ce à quoi j'ai dû lui rétorquer que si je ne pouvais changer ses décisions, j'avais toutefois le pouvoir de la remplacer…

Le monde industriel pharmaceutique favorise par construction le cloisonnement. Les lieux de production ressemblent à des bocaux étanches où l'on ne peut pénétrer qu'avec les protections vestimentaires adéquates. Par exemple, à Eybouleuf, toute la zone de production est en « zone blanche ». Pour y pénétrer il faut passer par un sas, revêtir coiffe, blouse et sur-chausses, voire cache barbe pour ceux qui sont en panne de rasoir…

Même en étant situé à quelques mètres les uns des autres, aller au contact direct demande un effort. Il ne suffit pas de juste pousser une porte.

Les bureaux du Département Qualité sont situés hors « zone blanche ». Moralité, les échanges entre Qualité et Production se font surtout par mails. Et Crispine est une championne de cet outil, qui économise des face à face pénibles et conserve des traces. Cette pratique est bien utile pour échanger des données mais est inacceptable lorsqu'il s'agit de régler des comptes sur la place publique virtuelle de l'intranet local.

Parmi ses nombreuses activités, elle gère directement la relation « technique » pharmaceutique avec les clients. Carine a en charge les questions de délai. Crispine gère les réclamations qualité et doit formuler ses réponses en constituant d'épais dossiers pour lesquels elle mobilise une partie de ses équipes.

Les enjeux sont d'importance. Dans certains cas, la solidité de l'argumentation permet de rendre acceptable ce que le client a bloqué. Dans tous les cas, il s'agit de rassurer le client sur la compétence du site et la robustesse de ses actions d'amélioration, être capable d'expliquer factuellement ce qui s'est passé et les décisions prises pour démontrer que désormais la qualité est sous contrôle.

Les dossiers à traiter sont nombreux.

Je constate assez rapidement que leur vitesse de traitement est insuffisante.

Les clients se plaignent du manque de réactivité. Les relations sont courtoises, mais la tension est palpable. Parfois, ils déplorent à juste titre le non respect des engagements de réponse pris par Crispine. Il arrive même que certains se tournent directement vers le PDG du Groupe pour se plaindre.

Lequel se retourne vers moi avec un brin d'agacement poli. C'est du meilleur effet…

Pour équilibrer son portrait, il faut préciser que Crispine connaît bien sa technique pharmaceutique et qu'elle n'est pas bornée. Arrivée quelques mois avant Michaël, elle a du respect pour son énergie et sa volonté de remise en ordre. Ensemble, ils mettront en place une méthode statistique permettant dans certains cas de remplacer les tris à 100 % par des contrôles par prélèvements, beaucoup moins coûteux et tout aussi représentatifs.

Cependant, les relations entre les deux Départements restent conflictuelles. Et je m'interroge sur la vision qualité de cette usine. D'un côté les O'Timmins de la Production soucieux de mettre en œuvre une vision industrielle moderne productive, de l'autre les O'Hara[2] de la Qualité défenseurs suspicieux d'une qualité à « zéro défaut absolu ».

Il me paraît urgent de travailler à l'émergence d'une vision commune qui tienne compte de nos capacités techniques, des standards du métier et de ce que nous avons vendu à nos clients. Comment passer de l'impossible zéro défaut absolu à la NQA,

---

2. Dans l'album de la série Lucky Luke par Morris, « Les rivaux de Painful Gulch », les familles O'Timmins (à gros nez rouge) et O'Hara (à grandes oreilles) se font la guerre depuis des dizaines d'années, et ne savent même plus pourquoi.

Non Qualité Acceptable industrielle, sans passer pour un dangereux iconoclaste ?

Sylvain, le Directeur Technique

Boute en train de l'équipe, Sylvain a un look de biker bon vivant. Sur le site depuis une quinzaine d'années, il a vécu le changement de culture intervenu il y a dix ans et conserve une grande nostalgie du passé.

Il est responsable de la fourniture des fluides de l'usine et de l'entretien des équipements de production et des bâtiments. Accessoirement, il supervise le gardiennage du site, l'animateur prévention sécurité et l'entretien des espaces verts, colonisés par des dizaines de lapins pas assez voraces pour remplacer les tondeuses.

Lorsque nous faisons connaissance, il est le premier à se plaindre ouvertement du manque d'investissements réalisés ces dernières années. A son avis, les pannes qui gênent tant la performance du site sont dues à des équipements vieillots qui auraient dû être renouvelés.

A titre d'exemple, il me parle de cette comprimeuse (machine qui fabrique les comprimés à haute vitesse) récupérée dans l'usine de Rosières :

« Rendez-vous compte, cette machine, les gens de Rosières n'en voulaient plus et ils ont pu la remplacer par une neuve. Au lieu de nous aider à faire comme eux, la Direction du Groupe nous l'a transférée, alors que le fournisseur n'accepte plus d'assurer le service après-vente de la partie automate parce qu'elle est obsolète. Ce qui n'est plus bon pour Rosières serait donc convenable pour Eybouleuf ? Ce manque d'investissement est contre-productif. C'est aussi un signal fort adressé à l'ensemble du personnel. Le Groupe croit-il vraiment à l'avenir du site ? »

Le premier également, il évoque les conditions dans lesquelles le budget d'exploitation de l'exercice en cours a été décidé. La première version préparée par le CODIR a été présentée par le CODIR à Samuel, PDG du Groupe, à Bruno, le directeur financier, ainsi qu'à Camilla et Valentin. Comme le résultat prévisionnel se situait juste au-dessus de l'équilibre, Samuel a vigoureusement réagi et exigé des efforts de productivité supplémentaires pour obtenir un meilleur résultat.

Mon prédécesseur a revu sa copie en conséquence en coupant d'autorité des dépenses de maintenance et de personnel pour atteindre l'objectif fixé.

Le signal envoyé à cette occasion a été reçu cinq sur cinq : méfiance vis à vis de l'équipe dont on soupçonne le manque d'ambition, non prise en compte des réalités opérationnelles exposées, absence de langage de vérité.

Comment se mobiliser sur des objectifs qui apparaissent irréalistes ?

Je connais bien ces jeux où la Direction Générale fait preuve de volontarisme pour challenger les gens de terrain qui en « gardent toujours un peu sous le pied ». Mais dans le cas d'Eybouleuf, se pourrait-il que le bouchon ait été poussé trop loin ?

Se pourrait-il que la réalité dérangeante ait été volontairement occultée, au point de démobiliser l'équipe ?

Sylvain m'apparaît désabusé et pas orienté sur les bons sujets. Alors que l'usine croule sous les pannes, il me parle abondamment de son grand projet de Maintenance Préventive, dont notre client principal a exigé la réalisation à la suite d'un audit. Comme je lui fais observer que l'urgence n'est pas là et que les moyens disponibles doivent être consacrés à la résolution de nos problèmes opérationnels immédiats, il me rétorque que, précisément, ce sont les moyens qui lui manquent. Pas assez de personnel, pas assez de temps, pas assez d'investissements…

Ce n'est pas de sa faute, il voudrait bien mais il ne peut pas…

Quelques mois plus tard, Sylvain m'avouera qu'à ce moment là il avait la tête ailleurs. Il était perdu au point d'envisager de changer de métier et de s'orienter vers l'enseignement.

Mais qu'est-ce qui avait bien pu le déstabiliser à ce point ?

Le Directeur Industrialisation est Julien

Julien a fait toute sa carrière dans le site, en Production d'abord, puis dans sa fonction actuelle depuis une quinzaine d'années. Il doit partir en retraite au mois de mars prochain.

Julien est l'interlocuteur technique des clients pour les nouveaux produits. Il propose les choix industriels et élabore les cotations qui permettront aux commerciaux de faire les offres de prix. Gardien des bases de données techniques de l'usine, il fait vivre les standards, qui permettent de mesurer la capacité de production du site et qui alimentent les bases du système de contrôle de gestion.

Il supervise une petite équipe, assez disparate, où l'on trouve trois techniciens capables de travailler sur des projets et d'apporter une assistance technique pointue à la Production, et trois personnes en charge des bases de données.

Homme de métier à la crédibilité indiscutable, Julien est calme et pondéré, bonhomme et convivial, chercheur de consensus. Avec lui, il est difficile de se fâcher. Pourtant, sa compétence le pousse facilement à travailler seul, ce qui lui est reproché par Michaël.

Mon prédécesseur avait prévu de ne pas le remplacer, profitant de son départ en retraite pour réaliser une économie de structure peu douloureuse.

L'équipe Industrialisation cesserait d'exister et ses membres seraient répartis dans trois Départements différents. Ce secret de Polichinelle a été vite éventé. Les principaux intéressés ont bien reçu quelques informations sur leur sort futur, mais ils continuent de se poser des questions sur leur avenir, tant qu'aucune décision n'a été confirmée.

Et globalement, un doute plane dans l'usine sur la volonté du Groupe d'aller chercher de nouveaux clients, puisque la structure qui s'en occupe sera démantelée. En s'ajoutant aux restrictions d'investissements que tout le monde commente, la rumeur enfle et gagne en crédibilité.

Voici donc les cinq joueurs principaux, membres du CODIR, avec lesquels je vais diriger l'usine.

Forment-ils pour autant une équipe ?

Il peut arriver qu'un assemblage de personnes qui ne se sont pas choisies finisse par se souder face à l'adversité. Avoir un mauvais chef est parfois la cause principale et paradoxale de la cohésion d'une équipe, qui forge son unité contre son leader défaillant.

A Eybouleuf, ce n'est pas ce que je vais constater. Les membres du CODIR ne travaillent pas ensemble : ils n'ont ni objectifs communs ni règles de fonctionnement communes.

Je pourrai faire ce constat très vite, en découvrant le projet Datamatrix.

Il s'agit de mettre en œuvre sur toutes les lignes de conditionnement des outils de marquage nouveaux. En effet, à compter du premier janvier prochain, dans moins de deux mois, aucune boîte de médicament ne pourra être commercialisée en France sans cette nouvelle marque instaurée pour garantir producteurs et clients contre le risque de contrefaçon.

Cette obligation est connue dans le monde pharmaceutique depuis plus de deux ans. Pour être conforme, il faut acheter des petites machines d'impression automatisées et les implanter sur chaque ligne de conditionnement. Leur bon fonctionnement doit être validé avant le 31 décembre, date butoir incontournable. Ce n'est apparemment pas très compliqué, mais non dénué de complexité…

Mi novembre, la situation de ce projet est plus que critique. Huit lignes doivent être équipées. Pour faire simple, trois fournisseurs différents ont été retenus, mais aucune machine n'a encore été livrée. Des incertitudes techniques subsistent quant à la facilité d'intégration de ces équipements et leur impact sur la productivité. En effet, le processus de contrôle en ligne de la qualité de l'impression sur les boîtes est couplé avec un système d'éjection automatique des non conformes. Quelle sera la fiabilité de ces systèmes ?

Les expériences conduites dans les autres usines du Groupe, bien plus avancées qu'Eybouleuf, semblent indiquer des pertes de productivité voisines de 10 à 15 %.

Lorsque j'aborde la situation du projet Datamatrix en réunion de CODIR, je tombe des nues en constatant qu'il n'y a pas de pilote de ce projet ! Les achats et les relations avec les fournisseurs sont dans les mains d'un ancien directeur de cette usine, qui exerce une fonction transverse de coordination des investissements du Groupe.

Cet éminent personnage, qui a dirigé Eybouleuf pendant six ans et a été remplacé par mon prédécesseur, a conservé son bureau au premier étage de l'usine. Cette proximité géographique n'aura pourtant pas aidé à accélérer les prises de décision et prendre l'avance suffisante pour travailler sereinement.

Julien, dont ce devrait être la vocation de superviser ce projet, est spectateur. Michaël est en attente, il ne décide de rien, subit en silence et ronge son frein. Carine est préoccupée à juste titre par la désorganisation supplémentaire qui sera causée par l'obligation de mettre les lignes de conditionnement à la disposition de l'équipe de validation. Pendant un temps estimé entre deux et quatre équipes de travail, on ne produira pas et ce n'est évidemment pas une bonne nouvelle pour nos délais de livraison. Crispine devrait piloter ses équipes de validation, mais elle n'en a pas le temps et leur laisse le champ libre. La nature ayant horreur du vide, c'est cette équipe qui a pris le pouvoir, notamment en imposant ses propres contraintes d'emploi du temps pour mettre les lignes de production à sa disposition !

Pour moi, la correction à opérer est simple et immédiate. Le projet est confié à Julien, qui a pour mission de le mener à bien en s'appuyant sur les bonnes pratiques universelles de gestion de projet : constitution d'une équipe de joueurs responsables, affichage des objectifs, planification des tâches, consultations obligatoires des joueurs clé avant prises de décision, suivi hebdomadaire de l'avancement, arbitrages en CODIR si nécessaire.

(Au premier jour de janvier, tous les objectifs fixés seront atteints. Ce bon résultat sera la première preuve visible et encourageante que la coopération de quelques personnes responsables mobilisées sur un objectif commun ambitieux paye…)

L'équipe de direction ne partage pas des règles communes de fonctionnement.

Le premier exemple de cet état de fait survint lors de notre deuxième réunion de CODIR. J'ai besoin de prendre l'avis des directeurs sur un projet technique en cours et je fais un tour de table. Le dernier qui prend la parole est Michaël, un brin exaspéré, et je n'oublierai jamais ses premières paroles :

« Quitte à me faire virer, voici ce que je pense… »

Allons bon ! Mais qu'est-ce qui a bien pu polluer la cervelle de Michaël, au demeurant très bien faite, pour lui faire craindre à ce point de dire ce qu'il pense ? Doit-il craindre l'opposition de ses collègues ? Ou celle de son boss ?

Si lui-même est dans cet état d'esprit, que peut-on imaginer de l'état d'esprit des échelons inférieurs ?

Par construction et par expérience, j'accorde un prix irremplaçable à la liberté de parole, pour tous, « de l'ouvrier à l'ingénieur »…

A condition qu'elle soit au service de l'expression des faits, de la recherche du vrai, et qu'elle soit orientée vers la recherche de solutions.

A condition aussi d'avoir suffisamment confiance en soi et dans les autres pour voir dans la contradiction une opportunité de progrès.

Je préfère les gens qui râlent et qui grognent à ceux qui se taisent.

C'est à mon avis un signe de vitalité qui ne trompe pas, une énergie dans laquelle puiser.

Dans les années 80, le ministre du travail Jean Auroux[3] fit beaucoup parler de lui avec sa loi sur le droit d'expression des travailleurs. A l'époque, cette nouveauté avait comme ambition de remettre en cause une vision hiérarchique rigide du gouvernement des entreprises. Une sorte de halte–là au « tais-toi et bosse » en vigueur dans les organisations régies par un taylorisme omniprésent.

Pour ma part, cette notion de droit m'a toujours paru être un contre-sens. Je crois qu'il faudrait plutôt parler d'un devoir d'expression, dont il serait crucial de garantir le libre exercice sans limitation, dans le cadre de la recherche d'un bien commun à l'entreprise et à ses collaborateurs.

Les Français, comme Cyrano, aiment bien « récalcitrer ». C'est dans leur nature, et je crois que c'est une de leurs forces, surtout dans l'industrie où l'intelligence de ce qui n'est pas conforme est l'une des sources principales du progrès.

Le problème n'est pas de faire taire ceux qui passent pour de « grandes gueules » mais de canali-

---

3. Ministre du travail, du 22 mai 1981 au 29 juin 1982 : auteur d'un ensemble de textes connus sous le nom des lois Auroux qui ont profondément transformé le droit du travail

ser leur expression et de comprendre ce qu'il peut y avoir d'intéressant dans leur regard critique.

Michelin, leader mondial du pneumatique, appelle cela : « aller aux faits ».

Toutes les entreprises proclament leur attachement aux valeurs de communication et d'écoute. Mais que valent ces repères si on n'est pas capable d'écouter et d'entendre ce qui dérange ?

La découverte du terrain

Dans un métier qu'on ne connaît pas bien, la découverte du terrain et des personnes qui l'occupent est d'une importance majeure.

D'une certaine façon, mon ignorance technique du métier pharmaceutique, qui m'aurait sans doute éliminé dans un processus de recrutement classique, m'a été très utile. Elle m'a permis de poser une multitude de questions à tous mes interlocuteurs, qui ont fait de leur mieux pour éclairer le béotien que j'étais…Qu'ils en soient ici remerciés !

Pendant mes deux premiers mois, je me suis obligé à me rendre disponible au moins deux heures par jour pour aller sur le terrain, au contact des gens et des réalités du métier.

Dans un premier temps, il était important de me présenter à l'ensemble du personnel. Comme je l'ai déjà indiqué plus tôt, les premiers contacts ont été réservés et polis.

Je me souviens notamment de la première rencontre avec l'équipe de production de nuit, un soir à sa prise de poste à 22 h. Après leur avoir dit en quelques mots qui j'étais et pourquoi j'étais là, la première question est venue.

« Alors, c'est vrai que vous ne connaissez rien à la pharmacie ? » Comme je leur réponds par l'affirmative avec un grand sourire, cela les fait rire. Peut-être ne me croient-ils pas…

La deuxième question arrive tout de suite après : « et combien de temps allez-vous rester avec nous ? » Avec le même sourire, je leur dis que je n'en sais rien, sans doute quatre mois, mais pas de certitude…

Pas besoin d'être grand psychologue pour imaginer leurs premières perceptions.

« Voilà un patron qui nous arrive sans connaître notre monde et qui ne va rester que quatre mois, peut-être moins. On n'a rien à en attendre. Donc, wait and see, attendons le suivant. »

Je ne peux être qu'une courte parenthèse dans leur vie. Cette attitude me sera confirmée par l'encadrement lorsque je commencerai à communiquer autour de mon plan d'action en janvier. (cf. *infra,* p. 72)

Les plus pessimistes se disent peut-être que je suis le mercenaire de passage engagé pour faire sans état d'âme un travail de « restructuration », voire de fermeture.

En effet, Michaël a attiré mon attention sur quelques faits troublants qui pourraient être qualifiés d'actes de malveillance. Ces faits ont été abordés dans les réunions d'information hebdomadaires des équipes de production. Quelques personnes ont alors exprimé publiquement leur certitude que le site ne pourrait pas s'en sortir. A leur avis, il faudrait accélérer ce mouvement fatal pour obtenir d'excellentes conditions financières de licenciement tant que le Groupe a les moyens de payer…

Bien sûr, la majorité du personnel ne pense pas comme cela. Mais le fait que quelques uns, comme la face émergée d'un iceberg, osent exprimer une opinion aussi radicale en dit long sur le climat social sous-jacent.

Tristesse et inquiétude pour l'avenir, manque de confiance dans les dirigeants, noria des directeurs, regrets nostalgiques d'un passé idéalisé, manque d'esprit d'équipe à tous les niveaux, doute sur la capacité de s'en sortir…

D'ailleurs, l'éminent personnage du premier étage, l'ancien Directeur des lieux, ne dit-il pas à l'extérieur, dans certains milieux du microcosme pharmaceutique, que cette usine est condamnée ?

Les deux commerciaux qui gèrent nos clients ne m'avouent-ils pas dès notre première rencontre qu'ils ne savent plus quoi dire à leurs interlocuteurs, tant ils ont eux-mêmes perdu confiance dans la capacité de l'usine à se redresser ?

<u>L'encadrement de terrain partage-t-il cette vision pessimiste ?</u>

Dans quel état vais-je trouver nos agents de maîtrise ? Je crois à l'importance vitale de l'encadrement de proximité. Ce sont moins les généraux que les sous-officiers qui gagnent les batailles. Les miens ont-ils envie de gagner ? Sont-ils capables de s'engager ? Ont-ils des qualités de leadership ?

Michaël m'en a fait une première description qui m'a laissé perplexe. Sur un effectif de six, un seul a du courage, un autre est un opposant qui ne se prive pas de faire du mauvais esprit, le reste est qualifié de suiveurs mous.

En étudiant en détails le parcours de chacun d'entre eux, je constate leur origine commune. Ils viennent tous du terrain et ont été « promus », vraisemblablement sur des critères de compétence technique, et, dans deux cas, parce qu'ils s'étaient révélés comme des leaders de terrain contestataires lors d'épisodes conflictuels gérés par « l'homme du premier étage ».

Anciens « voleurs de poules », ils étaient devenus « gendarmes »…

Qu'avait-on fait pour les aider à changer de bord, à quitter leurs anciennes habitudes, à prendre de la distance par rapport à leurs anciens collègues, à comprendre leur nouveau métier d'encadrant ?

Rien d'autre que l'exemple et l'accompagnement de leurs propres chefs directs…

Constat navrant de voir traiter avec autant de légèreté l'apprentissage d'un métier aussi central pour la vie d'une entreprise.

Devenir « chef » est plus une charge qu'un honneur, ce qui peut surprendre les naïfs quand ils réalisent que leurs devoirs sont bien plus importants que leurs droits.

Mais c'est aussi une rupture, que le maintien dans le milieu d'origine rend très difficile à réussir. Certes la formation d'un agent de maîtrise coûte cher, environ sept mille euros pour un cycle de 23 jours, mais prend-on bien la mesure des coûts d'un encadrement qui ne fait pas son métier ?

En allant les rencontrer, je suis curieux de les entendre décrire leurs activités principales, leurs priorités et leurs préoccupations. Je me suis préparé à les questionner au cœur de leur métier. Je ne serai pas déçu. Les échanges sont plus animés que ce que j'avais espéré. Tout y passe et peut se résumer en un seul mot : impuissance.

Quelques exemples :

Ils ont en charge le bon fonctionnement des lignes, mais ce ne sont pas eux qui autorisent les démarrages de production, mais la Qualité.

Pourquoi ne leur fait-on pas confiance ?

Ils sont responsables du respect des bonnes pratiques professionnelles de leurs équipes, et ont donc besoin de se faire obéir, mais ils estiment ne pas être suffisamment soutenus par la Direction, notamment face aux représentants du personnel.

La Production est un « moulin » où les autres services entrent et interviennent de façon intempestive.

Lorsqu'il y a des problèmes, ils ont le sentiment que la Production a toujours tort.

Ils aimeraient reconnaître leurs meilleurs éléments, mais ils n'en ont pas les moyens.

Ils se sentent complètement désarmés face à l'absentéisme de confort. (L'absentéisme global flirte avec les 10 %…)

Ils passent beaucoup trop de temps dans leurs bureaux sur des dossiers administratifs.

En revanche, ils pensent que 90 % des personnes pourraient être de bonne volonté si « on » s'en occupait mieux. Seuls 10 % sèment le désordre, mais semblent dicter leur loi à la majorité. Ils aimeraient bien reprendre le contrôle de leur terrain, mais ne savent pas comment s'y prendre.

Dans l'ensemble, ils apprécient la rigueur de Michaël, même si la fibre sociale de certains d'entre eux leur fait espérer un peu plus de souplesse de sa part.

Un point m'étonne : la recherche du progrès est absente de leur discours. Ils vivent dans le quotidien et ne sont pas impliqués dans des actions d'amélioration continue. Ils ont bien conscience de la détérioration des résultats de l'usine mais ne s'en sentent pas responsables.

Qu'attendent-ils de moi ?

Du soutien, du soutien et encore du soutien…

En actes et pas en paroles…

Ce serait pour eux le changement majeur le plus significatif.

En somme, ils ne sont pas totalement perdus, mais ont besoin d'être remis en confiance. C'est plutôt une bonne nouvelle…

Les membres de l'encadrement appartenant aux autres Départements se plaignent tous du manque de cohésion. Ce serait beaucoup mieux si tout le monde travaillait ensemble… Certains vont plus loin en observant qu'un petit nombre se démène sans compter sur le terrain pendant que le plus grand nombre, installé confortablement dans les tribunes, se complait dans un rôle de spectateur critique.

Il reste enfin à faire connaissance avec les représentants du personnel.

Lors des dernières élections, CFDT et CGT se sont partagés la quasi totalité des sièges à pourvoir. Les candidats libres ont été balayés.

Lors de ma première réunion de Comité d'Entreprise, le décor est planté, les rôles sont distribués.

A ma gauche, la représentation CGT, emmenée par leur leader, un cariste d'une cinquantaine d'années. Ils ont le verbe haut, une argumentation assez traditionnelle et peu idéologique. Ils appartiennent en majorité au monde de la Production. Ils sont attachés à leur usine et sont plutôt des hommes de métier. Le bon sens ne les a pas complètement abandonné et il sera possible de dialoguer avec eux à partir des faits.

A ma droite, la représentation CFDT, composée en majorité d'hommes et de femmes venant des Départements Qualité et Technique. Leur leader est le secrétaire du CE. C'est un homme tourmenté, que l'injustice fait réagir au quart de tour. Son esprit soupçonneux le tient en éveil permanent, et comme la justice n'est pas de ce monde, les sujets d'énervement ne lui manquent pas…

Il est également très préoccupé par son propre sort. Souffrant de mal de dos, il en a attribué la cause aux mauvais traitements infligés par l'entreprise. Cet ancien pratiquant du moto-cross a réussi à se faire reconnaître en maladie professionnelle. L'inspecteur du travail est son principal recours, image d'un père fouettard tout puissant, dont il menace régulièrement ceux qui s'opposent à lui pour mieux les réduire au silence.

CGT et CFDT s'entendent très bien pour faire mon éducation pendant cette première réunion. J'ai droit à trois heures de lamentations pendant lesquelles ils s'efforceront de me faire passer leurs messages principaux.

« La « big pharma » c'était bien. Depuis la reprise, les nouveaux dirigeants nous ont fait des promesses d'avenir meilleur, croissance du site et amélioration de notre pouvoir d'achat. Dix ans plus tard, on n'a rien vu venir. Nos salaires sont bloqués. Le fonctionnement de l'usine se dégrade. Regardez le taux d'absentéisme… Il n'y a plus d'investissements.

On nous dit que les résultats sont mauvais, mais nous n'y sommes pour rien. Le PDG est venu nous dire qu'on travaillait mal. On n'est pas d'accord. Ce n'est pas en nous menaçant que les choses vont s'améliorer. C'est la Direction qui porte l'entière responsabilité de la situation actuelle. Les chefs changent tout le temps. Depuis trois ans, on en est au troisième directeur de production, au troisième directeur qualité, au troisième directeur de site. On n'a pas le temps de s'habituer au nouveau qu'il est déjà parti.

D'ailleurs, vous, vous allez rester combien de temps ? »

Comme notre Johnny national, j'ai envie de chanter avec eux « noir c'est noir, il n'y a plus d'espoir… » pour détendre l'atmosphère, mais je me retiens parce qu'il est trop tôt pour faire de l'humour avec eux.

La découverte du gouffre financier

L'exercice fiscal de l'Entreprise commence le premier juillet. Début novembre, les résultats cumulés de juillet-août, et de septembre sont déjà connus. Le score d'octobre tombe tout de suite après mon arrivée.

C'est un choc.

Exprimées en pourcentage du Chiffres d'Affaires, les pertes d'exploitation s'élèvent à 19 % en juillet-août, 31 % en septembre, 25 % en octobre !

Pour 100 euros de ventes mensuelles, l'usine a perdu en moyenne 22 euros.

On m'a parlé d'une usine en crise, je découvre une situation de faillite virtuelle. Le gouffre est abyssal.

Impossible de continuer à ce rythme !

Comment expliquer ce naufrage ?

Vanessa, la contrôleuse de gestion qui m'est rattachée, me guide au travers des documents comptables très complets, mis à ma disposition et transmis au Groupe, et saura répondre à toutes mes questions, y compris les plus gênantes.

Les causes principales de cette catastrophe se révèlent assez simples. Les commandes n'ont pas fléchi, mais le chiffre d'affaires réalisé est inférieur au budget prévu du fait des retards de livraison.

Les problèmes qualité, la désorganisation de la production et les pertes de productivité qui en résultent augmentent les coûts de main d'œuvre de façon exponentielle. Les intérimaires, l'équipe de week-end, les heures supplémentaires ont un coût exorbitant qui n'a pas été budgété, bien sûr.

Les coûts des rebuts dépassent l'entendement.

Les dépenses de maintenance se sont envolées.

Autrement dit, c'est bien la façon de travailler de l'usine qui est en cause. L'activité est là, les volumes sont stables, les moyens sont en place mais le savoir-faire semble s'être évaporé.

Comme je n'arrive pas à comprendre le caractère apparemment soudain de ces pertes, Vanessa m'explique qu'en réalité, les résultats de mai et juin derniers ont été « améliorés » en toute légalité pour présenter le résultat annuel de l'exercice précédent sous un meilleur jour. Située au cœur du processus d'élaboration du budget, elle a participé à toutes les réunions et peut m'indiquer en détails l'origine des corrections apportées. Elle n'a aucun rôle décisionnel et n'a fait qu'obéir aux instructions du Directeur Financier du Groupe, avalisées par mon prédécesseur.

On ne peut évidemment perdre autant d'argent sans dommages immédiats.

L'usine est en situation de cessation de paiements. Alors qu'elle est censée être financièrement autonome comme les autres unités du Groupe, sa trésorerie ne tient que par le secours financier de celui-ci. Ce soutien vital permet d'honorer les échéances, avec retard, à la suite de palabres souvent ponctués d'injonctions et de rappels à l'ordre culpabilisants.

Je serai obligé chaque semaine de décider des priorités de règlement de nos fournisseurs.

Les retards de paiement par rapport aux dates contractuelles sont en moyenne d'un mois et demi. Pendant plusieurs mois, il faudra jongler entre les demandes, toutes plus pressantes les unes que les autres. Le risque permanent est la menace d'interruption de livraison par nos fournisseurs les plus exaspérés, qui bloqueraient ainsi notre production. Un beau cercle vicieux…

Dans certains cas, ce sont mes collègues des autres usines qui monteront au créneau parce que nous avons des fournisseurs communs qui les menacent eux aussi de ne pas être livrés si nous ne les payons pas.

Heureusement, la comptable en charge des relations avec les fournisseurs a une solide constitution et un moral à toute épreuve. J'ai parfois le sentiment que, obscure collaboratrice qui n'attire l'attention de personne, c'est la personne la plus stressée mais la plus solide de toute l'usine…

A la fin du mois de novembre, après avoir fait un premier tour des gens, du terrain et des comptes, j'ai suffisamment d'éléments pour apprécier la situation à sa juste valeur.

Le bateau s'enfonce rapidement.

L'équipage se rend compte qu'il y a des voies d'eau sous la ligne de flottaison, observe le phénomène mais ne panique pas encore.

Sur la passerelle, les officiers s'efforcent de pomper tout en se rejetant les responsabilités, sans pour autant colmater les voies d'eau.

Le temps est compté.

Au loin, le vaisseau amiral a-t-il vraiment conscience de la réalité ?

Je me demande vraiment ce que je suis venu faire dans cette galère.

L’action

« Take the money and run » aurait dû m’apparaître comme la solution la plus sage. Pourtant, la tentation de rendre mon tablier au prétexte que je ne serais venu que pour gérer tranquillement les affaires courantes ne m’a pas effleuré l’esprit.

Il y a urgence commerciale.

Il y a urgence financière.

Il y a urgence managériale et sociale.

La mission initialement confiée, regagner la confiance des clients et rétablir l’équilibre des comptes, prend toute sa dimension. Dans le temps qui m’est donné, il ne s’agit pas simplement d’un défi ludique à relever, mais d’une obligation de résultat à atteindre, car l’existence du site est en jeu.

Compte tenu du contexte décrit précédemment, je vais délibérément choisir d’orienter mon action sur des bases qui pourront survivre à mon départ.

D’une certaine façon, le sens principal va être de remettre à l’endroit ce qui a été mis à l’envers, pour que les gens de l’usine se réinvestissent pleinement dans l’exercice de leur métier.

Mon fil conducteur reposera donc sur des lignes directrices simples et de bon sens, pragmatiques, faciles à expliquer et à transmettre.

Le principe de réalité

L'usine est devenue un lieu de défiance, c'est à dire un lieu où la parole a perdu toute valeur.

Les clients ne croient pas les promesses de la Logistique. Les membres du Codir ne croient pas dans les discours du Groupe. Ils ne croient pas davantage à la volonté de coopérer de leurs collègues. L'encadrement ne croit pas à la consistance des directives de ses chefs. Les opérateurs n'écoutent plus ce qui vient d'en haut…

Comme une espèce de sida managérial, la défiance fait courir un risque mortel à l'entreprise. Le doute des collaborateurs les conduit à l'attentisme, à la tristesse et à l'isolement. Quand de surcroit ils se sentent menacés, ils cherchent d'abord à se mettre à l'abri, le plus souvent au détriment de l'entreprise.

Je ne connais qu'un remède à cette maladie mortelle : « agir en vérité ».

Je sais bien que la vérité est un mot qui dérange.

Depuis l'antique question posée par Pilate « qu'est-ce que la vérité ? » jusqu'au relativisme assumé de nos contemporains, il est devenu communément admis que la vérité n'existe pas.

Pour beaucoup, il ne faudrait donc pas perdre de temps avec ce concept moralisateur d'un autre temps, mais plutôt privilégier celui de tolérance, paré de toutes les vertus.

Pourtant, si la vérité n'existe pas, le mensonge, lui, existe… étrange contradiction…

Dans les entreprises, certains surmontent cette difficulté sémantique en préférant parler d'un management factuel. Pourquoi pas ?

Dans la réalité quotidienne des relations humaines qui m'intéresse, il m'apparaît impératif de reconstruire un cadre de référence où le climat de vérité soit central. C'est à dire d'abord un cadre où soient privilégiées la recherche et l'expression de la réalité des faits.

Par analogie biologique, le système de circulation sanguine a beau être très bien conçu et maintenu en très bonne condition, si la composition du sang est trop faible en globules rouges, l'organisme va rapidement s'affaiblir et courir un risque grave si rien n'est fait pour corriger cette insuffisance.

De la même façon, l'entreprise a un besoin vital d'échanges d'informations « vraies » pour alimenter et soutenir l'action de chacun de ses membres. La vérité agit comme l'oxygène indispensable à la fonction des globules rouges. Quand l'oxygène fait défaut, c'est l'anémie…Si cela dure, c'est grave et potentiellement fatal.

Problème : l'oxygène ne se voit pas…

Dans l'industrie plus qu'ailleurs, la proximité du réel est une chance. Car les faits têtus y ont plus rapidement raison de l'opinion qu'on peut en avoir.

Au plan technique, la réalité des faits finit toujours par s'imposer. Les relations de cause à effet sont accessibles à l'esprit d'observation et d'analyse. Comme les lois naturelles, elles s'imposent d'elles-mêmes et chacun peut facilement comprendre qu'il serait contre productif de les méconnaître. Ne pas respecter les règles du métier conduit immanquablement à l'échec.

Cela semble évident, et pourtant…

Les Techniciens sont parfois des croyants qui s'ignorent. A l'insu de leur plein gré, souvent emportés par leur enthousiasme, leur opinion peut bizarrement se transformer en certitude et le bon sens les abandonner.

C'est ce qu'un brillant ingénieur de General Motors m'avait appris dans un raccourci saisissant lors d'une réunion houleuse de suivi de projet où les experts n'arrivaient pas à s'entendre. « Faites parler les pièces » avait-il dit, pour mettre fin aux querelles d'opinion stériles et recentrer le travail sur l'observation commune du réel. *(Il s'agissait des pièces d'un moteur)*

Un premier exemple de cette attitude m'a été servi comme sur un plateau lors d'un problème qualité. Sur une ligne de conditionnement, tout un lot avait été consigné par la Qualité : des blisters[1] avaient été contrôlés et écartés parce que percés de trous minuscules.

Ce défaut est rédhibitoire s'il entraîne un manque d'étanchéité du blister. En effet, que dirait un client en découvrant un comprimé devenu vert de gris, à la suite d'une exposition prolongée à trop d'humidité ambiante ? Le pharmacien d'officine aurait sans doute du mal à le convaincre qu'il s'agit d'un champignon aux vertus thérapeutiques certifiées, comparables à celui de la pénicilline…

Donc la Qualité avait exigé un tri de tout ce lot suspect, et la Production avait mis au travail une demi-douzaine de personnes chargées d'ouvrir les boîtes, d'inspecter unitairement chaque blister et de séparer les bons des mauvais.

En passant dans l'atelier lors de ma visite matinale, je m'arrête auprès d'une des opératrices de tri et lui demande de m'expliquer ce qu'elle est en train de faire. Elle s'exécute volontiers et comme je m'étonne de la proportion élevée de blisters écartés, un sur trois environ, je lui demande de m'expliquer ses critères de tri.

« Si je vois des trous, j'écarte ».

1.

Je lui demande alors de me montrer des blisters troués et je constate avec surprise que les fameux trous ne se situent pas au niveau des alvéoles qui contiennent les comprimés. Autrement dit, sans risque de défaut d'étanchéité…

Pour le confirmer, je demande à l'agent de maîtrise présent de faire le test d'étanchéité avec le moyen disponible dans l'atelier, ce qui ne prend que quelques minutes.

Je vais ensuite montrer le résultat à Michaël, qui en reste sans voix…

Que s'était-il passé ?

Tout simplement, les instructions de tri avaient été données directement par une technicienne Qualité aux opératrices, sans passer par l'encadrement de production qui n'avait fait que mettre en place l'équipe de tri.

Le manque apparent de pertinence des critères de tri correspondait en fait à l'opinion que la technicienne avait elle même du niveau de qualité du produit à garantir, indépendamment de toute notion de coût.

Opinion de bonne foi sans aucun doute, que personne n'avait imaginé contester, pas même les « responsables ».

Personne n'avait songé à aller aux faits.

Les poubelles se remplissaient de produits bons.

Le Système Qualité avait été respecté, le bateau coulait, tout était Harmonie…

Le principe de responsabilité

Cette observation de terrain m'a permis de poser immédiatement quelques questions concrètes aux personnes directement intéressées par la suite des évènements.

Pourquoi l'agent de maîtrise présent sur le terrain n'avait-il pas observé avant moi les résultats du travail ?

Ne se sentait-il responsable que de la mise en place des moyens et pas des résultats ?

Les gens comprennent-ils le sens de ce qu'ils font ?

Qui leur explique les tenants et aboutissants du travail à réaliser ?

Comment et par qui les décisions sont-elles prises ?

Qui répond des conséquences des décisions prises ?

Il était urgent de revenir aux basiques.

Pour commencer, il fallait d'abord s'entendre sur la définition du mot « responsable ».

Au sens propre, est responsable la personne qui répond des conséquences de ses actes.

Dans une entreprise, qui est responsable ?

Tout le monde, il faut l'espérer, chacun dans le domaine qui lui a été confié…

Est-ce que chacun devrait avoir un intérêt personnel à bien faire ce qui lui est demandé ? C'est évidemment préférable.

Comment y parvenir ?

En appliquant une règle d'or :

« Respecter chacun dans son domaine de responsabilité, et pour cela, équilibrer au mieux responsabilités et pouvoirs ».

Dans le cas des blisters percés, le déséquilibre était flagrant. La responsabilité technique, humaine et financière était du côté Production. Le pouvoir de décision était du côté Qualité.

Tout le monde pouvait constater que cela ne marchait pas.

C'était donc un axe de changement majeur sur lequel il faudrait avancer résolument.

En l'occurrence, le changement résidait moins dans la communication d'un principe nouveau que dans les conditions de la mise en œuvre d'un principe connu.

Dans l'entreprise, la fable « du clou et du marteau » est enseignée lors des stages destinés à faire partager des règles de fonctionnement communes au management. Selon cette image, on devrait donner le marteau à celui qui plante les clous. Autrement dit, donner le pouvoir à celui qui a la responsabilité. *(Si vous n'y croyez pas, faites l'exercice pratique en donnant le marteau à votre belle-mère qui porte des verres à double foyer…)*

Ce principe apparemment simple était donc censé être une référence commune à l'encadrement d'Eybouleuf. Il restait visiblement du chemin à faire pour le mettre pratiquement en application, à tous les niveaux…

Dire ce qu'on fait, faire ce qu'on dit

Comment rétablir la confiance dans une communauté où la parole n'a plus de valeur ? Comment redonner de la crédibilité à ceux qui l'ont perdue ? Et en ce qui me concerne, comment combattre le scepticisme qui m'entoure, du fait de ma situation intérimaire ?

Les anglo-saxons ont une formule bien à eux pour se maintenir sur la bonne piste :

« do you walk your talk ? »

Votre action est-elle en accord avec votre discours ?

Les sceptiques, admirateurs de Machiavel, estiment que ce principe est un peu niais : comment espérer réaliser de grandes choses sans masquer ses desseins et tromper ses adversaires ?

Les humoristes, eux, pourraient le trouver séduisant mais inapplicable, parce que « si je n'ai qu'une parole, quand j'en ai besoin, je la reprends… »

Dans mon expérience de la vie des entreprises, j'ai cependant observé que l'application du principe anglo-saxon était la ligne de conduite la plus raisonnable, la plus simple et la plus féconde.

C'est la meilleure façon de prendre en compte certaines réalités incontournables.

Sur le terrain, les chefs sont généralement vus comme des êtres à part qui se tiennent penchés en arrière, irrésistiblement entraînés par le poids des idées qu'ils ont derrière la tête…

Quelles que soient leurs intentions, la parole des dirigeants est d'abord perçue comme suspecte. « Qu'est-ce que cela cache ? »

Les employés ont une mémoire longue des contradictions entre discours et actes, d'autant plus vive lorsqu'ils ont eu le sentiment d'avoir été pris pour des moins que rien.

D'autre part, tout se sait ou finit par se savoir. Dans une usine, les capteurs d'information sont tellement nombreux et la curiosité tellement grande que les informations les plus « croustillantes » circulent à la vitesse de la lumière.

L'un des jeux préférés des représentants du personnel n'est-il pas de relever les contradictions du patron pour bien marquer à leurs mandants qu'ils sont les seuls à dire la vérité ?

Dans mon cas, l'analyse de la situation d'Eybouleuf m'a conduit à élaborer un discours très simple, tant sur les objectifs à atteindre que sur la méthode utilisée pour redresser l'usine.

Lors de la communication du Plan d'Action à l'ensemble du personnel, la première critique unanimement formulée a été : « on ne voit pas ce qu'il y a de nouveau dans ce Plan. On nous a déjà demandé nos idées dans le passé. Mais cela n'a rien donné. On ne voit pas pourquoi ce serait différent aujourd'hui. » Ma réponse était invariablement simple : « cela tombe bien car je vous avais dit que nous ne ferions rien de nouveau, rien de révolutionnaire. Simplement, ce que nous avons prévu dans le Plan, nous allons vraiment le réaliser, petit à petit, avec la collaboration de tous. »

Pendant toute la durée de ma mission, j'ai répété les mêmes choses, en boucle, à tout le monde, en groupe ou en tête à tête, sans me lasser, et sans jamais être mis en défaut.

Rendre le sourire

Comme le climat de tristesse quasi générale m'avait beaucoup frappé à mon arrivée, je me suis dit que la partie serait gagnée le jour où je reverrais les gens sourire.

Au fond, le sourire est un indicateur avancé qui renseigne assez bien sur l'existence des conditions d'obtention de la performance. La personne qui se sent bien dans son équipe, qui comprend et aime ce qu'elle fait, qui voit les résultats de ses efforts, a de bonnes chances d'être naturellement souriante.

Dans ce sens, j'ai considéré que le sourire serait un résultat qualitatif observable qui précèderait l'amélioration indispensable des résultats quantitatifs.

La priorité serait donc de s'assurer que les gens de terrain pourraient retrouver les conditions de travail adéquates. L'effort de l'encadrement consisterait à y veiller tout particulièrement.

Certaines écoles de management insistent sur la posture distante, sérieuse et affairée que devraient avoir les « chefs » pour se faire respecter.

Pour ma part, je préfère la proximité à la distance, à condition bien sûr de ne pas être laxiste. Je crois à la vertu de la disponibilité, qui au bout du compte permet d'être moins affairé. Quant au sérieux, je garde en tête la description imagée d'un chef particulièrement imbuvable, *« il a une tête à caler les roues de corbillard »,* pour éviter de lui ressembler…De fait, je me demande si on peut vraiment être chef sans aimer la pression et les ennuis.

L'expérience aidant, il m'est devenu plus facile d'accueillir les mauvaises nouvelles avec tranquillité et bonne humeur.

Et à Eybouleuf, les mauvaises nouvelles ne manquaient pas…

Un jour, Yann, le commercial en charge du client le plus important de l'usine vient me rendre visite pour faire un point sur les actions en cours. Au milieu de notre rendez-vous, je reçois un coup de fil de Michaël qui m'annonce que la production vient d'être arrêtée sur notre ligne de conditionnement la plus chargée. Le moule de scellage des blisters vient d'être accidentellement endommagé à la suite d'un défaut de vigilance d'un opérateur. Nous n'avons pas de moule de rechange. A ce stade, nous ne savons pas si une réparation est possible. Si nous devons commander un moule neuf, la ligne ne pourrait pas redémarrer avant un minimum de 6 semaines. Une perspective catastrophique !

Yann venait pour être rassuré, il est servi.

Je convoque immédiatement la petite équipe de personnes directement concernées par cette situation, et en présence de Yann, nous procédons à toute allure à l'analyse du problème. Je demande que le moule nous soit apporté, ainsi que les blisters produits. Chacun peut donc avoir la même information en même temps (*faire parler les pièces*). L'analyse et la recherche de solutions techniques se déroulent dans un climat constructif, où personne ne songe à se plaindre ou à dénoncer des coupables. Nous nous mettons rapidement d'accord sur la marche à suivrc. Puis, Yann et moi appelons directement le client pour le mettre au courant et nous accorder sur les mesures de limitation des dommages propres à le rassurer.

Quelques mois plus tard, quand la situation de l'usine sera devenue bien meilleure, Yann m'avouera que cette réunion de crise lui avait paradoxalement redonné confiance dans notre capacité à nous redresser. Antérieurement, dans des situations similaires, il avait été le témoin navré de jeux de « patate chaude » ou de règlements de compte où les responsables consacraient plus d'énergie à se défendre qu'à traiter les problèmes. Là, il avait vu les mêmes personnes surmonter une crise grave en travaillant sereinement et rapidement ensemble.

Le plan d'action

Les mois de décembre et de janvier seront consacrés à l'élaboration du Plan d'Action, outil de mobilisation générale de tous les collaborateurs de l'usine.

La première question à débattre avec mes interlocuteurs du Groupe est existentielle, voire métaphysique. Quel est l'avenir de cette usine ?

Quel est son plan de charge prévisionnel à 3 ans ?

Comment va évoluer le Chiffre d'Affaires ?

La dérive des coûts de production peut-elle être rapidement corrigée pour retrouver un équilibre financier dans un délai supportable ?

Ne serait-il pas plus sage de transférer les productions dans les autres usines du Groupe et fermer un site qui fonctionne aussi mal ?

Dans le cas du maintien en activité, un Plan de Sauvegarde de l'Emploi doit-il être envisagé pour traiter les sureffectifs ?

Toutes les hypothèses de travail envisageables se sont trouvées sur la table pour être analysées en détails par Samuel, Camilla, Bruno, Valentin et moi-même.

Je garde un bon souvenir des trois réunions de travail qui nous permirent de décider de la marche en avant. Bien sûr le réalisme indispensable était au rendez-vous. Sept mois s'étaient écoulés depuis l'exercice de volontarisme budgétaire voulu par

Samuel et force était de prendre acte de l'écart entre les souhaits d'alors et la réalité du jour. Camilla fit beaucoup pour que l'appréciation industrielle de la situation soit pleinement prise en compte. Les gisements de progrès que j'avais identifiés parurent suffisamment convaincants pour que les solutions radicales de fermeture ou de PSE soient écartées : trop compliquées, trop longues, trop coûteuses et contradictoires avec la stratégie de croissance externe du Groupe.

Il faut ajouter que la structure patrimoniale du Groupe a beaucoup facilité la prise de décision. Samuel est quasiment seul maître à bord. Totalement engagé dans le développement de son entreprise, il a une vision long terme. Les réalités financières sont loin de lui être étrangères, et s'il doit informer régulièrement ses banquiers, il conserve une liberté de manœuvre appréciable lorsque le sort d'une communauté de travail est en jeu. Il est donc prêt à supporter encore quelque temps les pertes d'Eybouleuf, à condition que les engagements de progrès soient tenus.

La bizarrerie et la beauté de la chose furent finalement la confiance qu'il accorda à la personne qu'il connaissait le moins et qui serait la moins durable de l'équipe…

Les orientations bien calées en haut, il restait à déployer le Plan en bas.

Sans entrer dans trop de détails techniques, il comportait sept grands thèmes d'action :

– le service des clients : passer d'un taux de service de 50 à plus de 90 % en six mois

– la productivité industrielle : gagner 40 % en 18 mois

– les rendements : ne plus détruire de lots fabriqués et tenir les rendements contractuels (taux d'utilisation des matières pharmaceutiques achetées),

– les achats d'articles de conditionnement, baisser les coûts de 15 %

– la qualité, déployer une vision commune du juste nécessaire et simplifier les procédures

– les économies d'énergie : viser un gain annuel de 15 % des consommations

– la mobilisation du personnel.

Pour chaque thème, des objectifs ambitieux étaient quantifiés, le pilote désigné avait pour mission de coordonner les actions et de rendre compte mensuellement de leur avancement.

Une structure d'action classique donc, avec cependant trois particularités :

– La méthode pas à pas retenue pour réaliser les progrès de productivité. Les ressources techniques rendues disponibles seraient concentrées sur des champs étroits afin d'y identifier toutes les causes de défaillance pour les éliminer définitivement le plus rapidement possible. L'avantage escompté était d'associer de près les gens du terrain et de rendre visibles les premiers succès afin de créer une dynamique de progrès qui soit contagieuse.

– Le rythme mensuel du feed-back donné à l'ensemble du personnel. En effet chaque mois, un point complet de l'état d'avancement thème par thème serait diffusé et commenté d'abord en CODIR, puis à l'encadrement, puis à leurs équipes et au Comité d'Entreprise.

– Enfin, était annoncé le principe de versement d'une prime dont le montant moyen, compris entre 150 et 200 euros, dépendrait de l'évaluation des résultats obtenus au bout de neuf mois, prime ouverte à tous, mais individualisable sur la base de l'évaluation de la contribution personnelle aux progrès de la période.

Lors de la communication du Plan à l'ensemble du personnel, le troisième point donna lieu à des réactions inattendues. Pour mémoire, la politique salariale du site était à zéro depuis deux ans. Ni la participation ni l'intéressement n'avaient jamais rien apporté.

Pendant la réunion encadrement, la responsable du Laboratoire, un service d'une trentaine de personnes, prend la parole pour dire toute son incompréhension : elle ne voyait pas en quoi le Plan pourrait concerner son équipe, qui faisait depuis de nombreuses années déjà des efforts non reconnus, et qui n'avait donc rien à se reprocher. Elle ne comprenait pas l'utilité d'une carotte dont ses collaborateurs n'avaient pas besoin pour bien faire leur travail…

Ayant tellement entendu de personnes de tout niveau se plaindre du manque de reconnaissance et de l'absence d'augmentations de salaire pendant mon tour de découverte du terrain, la position de la responsable du Laboratoire me surprend. Après lui avoir demandé de confirmer son point de vue, je lui confie mon embarras.

Ce projet de prime, c'est mon initiative, validée par Camilla et Valentin. J'explique qu'il ne s'agit pas d'une carotte, mais d'un signal fort de confiance en notre capacité à nous redresser que je souhaite envoyer à tous. Signal également destiné à montrer que les augmentations de salaire dépendent en grande partie des progrès de productivité qui sont à notre portée.

Je peux comprendre que certains n'aient pas besoin de cette prime pour bien travailler et suis prêt à en abandonner le principe si au lieu de susciter de l'optimisme il crée de la polémique. Mais je préfère m'en assurer en faisant un tour de table. Tout l'encadrement des autres services se prononce en faveur de cette prime…Ouf, un peu de bon sens, enfin…

A tête reposée, je tirerai de ces échanges la conclusion que nous avons en fait deux usines en une. D'une part ceux qui créent la valeur ajoutée au quotidien, et qui connaissent la situation critique réelle de l'usine. D'autre part ceux qui occupent des fonctions de contrôle et qui respectent à la lettre les systèmes et procédures sans lesquels la qualité du produit ne saurait être garantie. Ces derniers sont en quelque sorte les anges blancs, gardiens du « bien » travaillant en vase clos…Il leur reste beaucoup de chemin à faire pour se remettre en question et apporter leur pierre à l'édifice.

L'autre réaction surprenante à la communication du Plan est celle du CE. Avant-dernier point de l'ordre du jour de la réunion de février, il ne suscite aucun commentaire, aucune question spontanée. J'ai l'impression d'avoir parlé dans le vide.

Bla, bla et bla…

Même la prime passe inaperçue, un comble ! Pourtant ils ne dorment pas, car nous venons d'avoir des échanges assez musclés sur leur thème favori du harcèlement moral. Non, en fait ils ne croient pas une seule seconde à ce que je leur ai exposé. Ils ont l'impression d'entendre la même rengaine cent fois répétée par mes prédécesseurs. Ils m'ont écouté poliment et sont passés aux Questions Diverses pour clore notre réunion.

La rupture logistique

Avant la finalisation du plan d'action global décrite au chapitre précédent, la planification des opérations de production m'était apparue comme un levier majeur d'amélioration.

Pour retrouver la confiance des clients, il nous fallait impérativement mettre plus d'intelligence et de stabilité dans l'élaboration de nos programmes. Il fallait faire moins « d'épicerie » et plus de série afin de diminuer fortement nos temps d'arrêt dus aux changements de format, nettoyage et autre vide de ligne. Il fallait aussi responsabiliser l'encadrement de production afin qu'il puisse s'engager totalement sur la réalisation à 100 % d'un programme réaliste.

Dès la première semaine de décembre, j'ai donc demandé à Michaël de me faire des propositions qui permettraient les changements nécessaires.

Une semaine plus tard, il revint avec des réponses très satisfaisantes. Dans un job antérieur, il avait utilisé un outil de planification qui pourrait rapidement être adapté à nos besoins. Il avait bien compris que pour réussir, il lui faudrait s'investir lui-même avec son adjoint dans l'élaboration et la mise à jour du planning, et ils y étaient prêts tous les deux. Il leur suffirait de récupérer les données d'entrée pertinentes auprès de la Logistique et de les transformer grâce à leur connaissance fine des installations, des produits et des disponibilités du personnel. Ce nouvel outil serait partagé sur le réseau et donnerait à tous les acteurs la même information en temps réel. Un premier exercice de simulation sur les productions du mois de novembre montrait des gains de productivité potentiels de l'ordre de 15 %…

Cela donnait furieusement envie de « pousser les feux ». Nous nous mîmes donc au travail avec Carine, et c'est là que les ennuis commencèrent.

J'avais bien observé que les relations entre Logistique et Production n'étaient pas au beau fixe. Les deux Directeurs avaient des caractères bien trempés, aux échelons inférieurs on m'avait rapporté l'existence de quelques cadavres dans les placards qui continuaient de polluer l'atmosphère.

La première réaction de Carine, à mon exposé des raisons du changement envisagé, fut prudente. Je lui parlai des orientations auxquelles je tenais et lui demandai d'analyser ce que cela changerait pour ses équipes. Comme je lui disais l'importance de la collaboration entre les deux Départements pour la réussite de ce projet, elle me fit observer qu'il faudrait faire des efforts des deux côtés, mais qu'elle était prête à jouer le jeu.

Quelques jours plus tard, elle me fit part de la difficulté qu'elle avait à expliquer la nouvelle distribution des rôles à son équipe. Notamment sa collaboratrice qui était chargée de la planification depuis environ vingt ans ne comprenait pas qu'on lui retire cette fonction. Cette dernière se sentait désavouée dans son travail, et Carine craignait fort un blocage qu'elle ne voyait pas comment surmonter.

Je lui ai alors proposé de rencontrer ensemble son équipe pour leur communiquer moi-même les tenants et aboutissants du projet et répondre à leurs questions.

Ils étaient effectivement sur la défensive. Ils ne comprenaient pas ce qui pouvait bien leur être reproché et ne voyaient pas comment leurs homologues de production pourraient faire mieux. « Que chacun fasse donc son métier. A commencer par les producteurs, parce que, voyez-vous, s'ils faisaient moins de bêtises, on n'en serait pas là… »

Familier des fondamentaux de la gestion de projet, je voyais bien qu'ils se situaient dans les phases connues de sidération, déni et révolte.

Classiquement, le processus d'appropriation du changement passe par une phase de résistance cognitive, « c'est idiot », une phase de résistance sociologique, « on comprend l'enjeu, mais ce n'est pas pour nous », et une phase de résistance pédagogique, « OK, mais on ne sait pas faire ».

Si j'avais eu le temps, j'aurai pu m'inspirer de la méthode japonaise de recherche de consensus selon laquelle l'adhésion préalable de tous les acteurs est la condition indispensable à la concrétisation d'un projet.

Mais comme le temps manquait, j'ai choisi d'avancer en me disant que les réticences finiraient par s'estomper dans l'action, parce que la persuasion viendrait de l'efficacité de l'action.

J'ai donc confirmé les objectifs à atteindre et demandé à Carine et à Michaël de préparer ensemble une phase de test pour début janvier.

Cela me semblait être une façon pragmatique et rapide de construire tout en faisant, pour traiter concrètement la complexité du sujet et ensuite s'améliorer au fur et à mesure.

En procédant ainsi, je voulais aussi m'attaquer à la culture « pharmaceutique » de l'usine, très analytique et soucieuse de perfection a priori dans la création de systèmes. Bien adaptée aux contraintes spécifiques du cœur du métier pharmaceutique qui touche au produit, cette culture manque de pertinence pour les activités industrielles classiques de l'usine, comme la maintenance ou la logistique, où l'esprit du Kaizen doit souffler.

Dans cet esprit, l'action engagée est initialement orientée par la réflexion, mais c'est ensuite l'action qui induit la réflexion pour progresser pas à pas.

Il n'est donc pas interdit de réfléchir, mais la priorité est à l'action !

Fin décembre, je suis alerté par la responsable des achats qui se plaint de ne pas avoir toutes les informations pertinentes pour lancer l'approvisionnement des matières, composants et articles de conditionnement nécessaires aux productions de mi-février et mars.

Notre situation de trésorerie nous impose de confirmer les commandes le plus tard possible, et nous travaillons sans le filet rassurant de stocks conséquents.

Il semble que le planning traîne les pieds pour transmettre les informations vitales. Carine est en vacances mais joignable au téléphone. Je lui demande de bien vouloir clarifier la situation avec son équipe et de corriger ce qui doit l'être. Elle doit également me tenir informé de l'état d'avancement par mail entre Noël et le Jour de l'An.

Cependant je sens bien que quelque chose ne fonctionne pas…

Nous nous retrouvons comme convenu dès la reprise de janvier avec Michaël et Carine pour faire le point sur le lancement de la phase de tests. Au bout de dix minutes de réunion, le portrait de la situation est suffisamment clair pour que je demande à Michaël de nous laisser en tête à tête Carine et moi.

En langage diplomatique, nous avons une conversation franche et directe…En langage d'atelier, on parlerait d'un passage sur la planche à secousses. En québécois, on irait jusqu'à un brassage de cage…

Non seulement ses engagements n'ont pas été tenus, mais encore elle m'avoue être opposée à ce projet. Circonstance aggravante, elle ne s'en est pas cachée auprès de son équipe.

Pour moi, le point de rupture est atteint : à ce niveau de responsabilité, un tel défaut de cohésion est inadmissible. Ce n'est pas le désaccord qui est en cause : c'est son moment et sa publicité. Comme je lui dis que nous ne pouvons pas continuer comme cela, elle ne peut pas faire autrement qu'en convenir. Carine quittera donc l'usine dans deux jours. Nous discuterons plus tard des conditions de son départ dans le cadre de la procédure de rupture conventionnelle.

Pour la première fois dans ma vie professionnelle, j'ai du licencier un cadre de direction pour défaut de cohésion. Je n'en suis pas fier. J'ai le sentiment d'avoir échoué. En conscience, j'estime lui avoir consacré beaucoup de temps pour l'aider à sortir de la situation de crise qui la stresse autant. Je m'y suis sans doute mal pris et n'ai pas su la faire adhérer à mon projet. Mais en ce début janvier, je n'ai pas hésité à trancher…

Les managers ont parfois mauvaise conscience à la perspective de prendre des décisions radicales, comme des sanctions négatives ou des licenciements. La crainte de passer pour injuste comme le souci de ne pas se fâcher avec les collaborateurs dont on a besoin expliquent assez souvent une retenue coupable. Comme si la paix pouvait se construire durablement sur des faux-fuyants…

Pour ma part, je m'efforce de faire la différence entre les personnes et leurs actes. Il m'est devenu facile d'être intolérant vis à vis d'actes objectivement inacceptables, tout en faisant de mon mieux pour respecter les personnes. Dire à quelqu'un : « je n'accepte pas ce que tu fais, je te demande de le corriger, mais toi, je t'apprécie… » est devenu pour moi une façon simple d'exprimer des exigences, tout en veillant à la qualité de la relation.

Camilla m'avait prévenu à mon arrivée. Elle était convaincue que Carine n'était pas à sa place. Elle m'avait encouragé à la vigilance, et m'avait dit qu'en cas de besoin, le coordinateur Achats basé au Bureau Chef pourrait m'aider. J'avais rencontré Augustin. Il m'avait fait excellente impression. C'était un style Michaël, avec la même agilité intellectuelle mais sans son côté « doberman ». Il avait une bonne connaissance de l'usine puisqu'il était venu remplacer Carine lorsqu'elle s'était absentée en congé maladie pendant un mois et demi. Il avait laissé un bon souvenir. Je n'avais aucun doute sur la facilité de son intégration.

Il me restait à communiquer autour du départ de Carine. Le plus souvent, les Directions choisissent de rester elliptiques sur les raisons de départ des cadres de direction. Cette méthode veut préserver une discrétion de bon aloi et faire l'économie de polémiques inutiles.

Pour ma part, j'ai souvent observé que le silence des Directions laissait la part belle aux interprétations faussées et favorisait bruits de couloir et déstabilisation. Je préfère occuper le terrain, en répondant aux questions que tout le monde se pose en pareille occasion : le départ est-il voulu ou subi, remet-il en cause le management de l'entreprise, le futur sera-t-il meilleur ?

Dans le cas de Carine, je donnerai les mêmes explications à tous, Codir, service Logistique, encadrement et CE : « oui, j'ai été contraint de me séparer de Carine, parce que le défaut de cohésion est inacceptable, d'autant plus inacceptable compte tenu de la situation de l'usine. Oui, le futur sera plus facile avec Augustin qui nous aidera à toute allure à faire les progrès dont nous avons besoin ».

Certains ont dû me trouver injuste, ou trop impatient, parce qu'indiscutablement Carine avait fait partie de ceux qui se dépensaient sans compter alors que tant d'autres restaient spectateurs.

Mais je me suis efforcé de rassurer en réaffirmant d'une part ma conviction dans le bien fondé du projet et d'autre part la nécessité pour tous de partager les mêmes règles de fonctionnement, sans lesquelles nous ne pourrions pas sortir la tête de l'eau. La décision que j'avais prise me donna l'impression que, dorénavant, je serais écouté avec d'avantage d'attention…

Un dernier mot sur Carine. Dans le cadre de la procédure de séparation, nous nous vîmes deux fois, environ une heure. L'accord sur les conditions financières ne posa pas de problème. Malgré sa faible ancienneté, j'étais décidé à lui offrir un « package » qui lui donnerait suffisamment de temps pour se replacer sans préjudice grave. Au cours de nos échanges, Carine en vint à me confier sa situation personnelle. Mariée avec deux jeunes enfants, elle faisait cent kilomètres tous les jours pour venir à l'usine. Depuis environ un an, les horaires auxquels elle s'était astreinte combinés à la pression quotidienne qu'elle avait à supporter l'avaient fait « craquer ». Elle venait de démarrer un processus de divorce. Elle me confia : « j'ai voulu tenir ensemble ma vie professionnelle et ma vie privée, et je me suis plantée… »

Finalement, peut-être lui ais-je rendu service en lui permettant de trouver quatre mois après sa sortie un nouveau job, près de chez elle, et plus tranquille.

Pour en finir avec la relation de ce projet, il fallut deux mois pour mettre en place la nouvelle méthode de planification. Les qualités d'Augustin se confirmèrent et il devint rapidement un personnage clé de l'usine. Les progrès espérés furent au rendez-vous : plus de simplicité, plus de stabilité, plus d'engagement et de responsabilité.

Les équipes de Production retrouvèrent le sourire. Elles pouvaient à nouveau se mobiliser sur des objectifs réalistes et s'engager pleinement sur le taux de réalisation des plannings.

Les clients eurent un nouvel interlocuteur bien plus calme et professionnel qui leur donna petit à petit des raisons de retrouver la confiance perdue.

Entre les constats initiaux et la mise en œuvre de la nouvelle orientation, il ne s'était passé que trois mois.

Pas si mal, après tout…

Le réveil des chefs

A quoi servent les chefs ?

A bien des choses assurément, mais, dans tous les cas, au moins à faire réussir leur équipe.

Pour diagnostiquer la situation des agents de maîtrise d'Eybouleuf, je me suis posé beaucoup de questions :

Que font-ils de leurs journées ?

Sont-ils surchargés, stressés, ou au contraire sereins et disponibles ?

Ont-ils les moyens et les pouvoirs de faire ce qui leur est demandé ?

Qu'est-ce qui se fait avec eux, qui sans eux ne se ferait pas ?

Quels sont leurs objectifs ?

Que transforment-ils ?

Accélèrent-ils les progrès ?

Et en définitive, quelle est leur valeur ajoutée ?

Dans mes premiers constats, la situation globale m'était apparue assez critique. Sur le terrain, ce qui m'avait le plus impressionné était le sentiment d'impuissance, d'anémie, voire d'anesthésie qui se dégageait de mes rencontres avec les agents de maîtrise. Ils me donnaient l'impression d'accompagner le mouvement autour d'eux, alors qu'ils auraient dû le conduire. En les écoutant, je ne les trouvais pas mobilisés sur des objectifs clairs, je ne comprenais pas quelles décisions ils prenaient, je me demandais quelle valeur ajoutée ils apportaient à leur équipe.

Michaël partageait la même préoccupation que moi et nous avons pu très vite nous entendre sur les axes de revitalisation de l'encadrement. Michaël avait déjà commencé à construire un référentiel détaillant les missions principales et les différents processus de gestion à maîtriser. Ce document remarquable de six pages avait pour mérite d'aborder les différentes facettes du fonctionnement des ateliers, la gestion de la qualité et des ressources humaines, en précisant à la fois les objectifs à atteindre et les règles communes à appliquer.

Cette approche « processus » devait être complétée par une approche « management de proximité ».

La reconquête du terrain

Nos chefs d'équipe avaient abandonné le terrain. A l'exception de l'un d'entre eux, ils n'osaient plus ce qui était le plus nécessaire dans l'exercice de leur métier : dire non. Dire non aux pauses « pirates », dire non aux demandes d'aménagement des horaires les plus farfelues, dire non aux dérives professionnelles.

Il fallait donc les recentrer, les rassurer et leur insuffler une énergie nouvelle. Il fallait les aider à prendre de la distance par rapport à leurs anciens collègues et à devenir crédibles.

Les désaveux du passé qui avaient pu contribuer à les réduire au silence ne se reproduiraient plus. J'en pris l'engagement, tout en ajoutant qu'il faudrait de leur côté bien préparer les décisions les plus délicates et respecter rigoureusement le mode opératoire de prise des décisions qu'ils étaient censés bien connaître.

En effet, ce mode opératoire leur avait été déjà exposé lors des stages de formation aux fondamentaux du management CPE[1]. Il suffisait simplement de le mettre résolument en pratique maintenant…

Selon cette approche de bon sens, devrait décider la personne qui est responsable, c'est-à-dire celle qui aura à répondre des conséquences de l'application de la décision prise. (*Il n'y a donc pas de décision collective, parce que dans ce cas, « on » ne sait pas qui est responsable des conséquences de la décision*).

Pour être efficace et bien respecter les personnes dans leur domaine de responsabilité, il est souhaitable de placer les niveaux de décision le plus près possible du terrain, là où les réalités sont les mieux connues, les conséquences des décisions sont facilement observables, la rapidité de réaction est la meilleure pour « régler » ce qui doit l'être.

---

1. Centre de Perfectionnement des Entreprises : voir la description sur http://www.cpe-reseau.org

La consultation des autres est impérative quand la décision aura des conséquences dans le domaine de responsabilité des autres. Dans ce cas, il faut identifier et consulter, ceux qui sont compétents, ceux qui sont concernés par la mise en œuvre, ceux qui supporteront les conséquences de la décision. En effet, l'expérience montre que des personnes mises devant le fait accompli ont une fâcheuse tendance naturelle à freiner l'application de la décision prise par d'autres.

Le consensus, souhaitable, est en général le résultat d'une consultation bien conduite. Ne dit-on pas qu'un problème bien posé est à moitié résolu ? La communication précise des objectifs et des critères de décision, et de ce qui est attendu de chaque personne consultée favorisent l'obtention de ce consensus.

Pour faire comprendre ce mode opératoire qui pouvait sembler un peu trop théorique, il était indispensable de trouver rapidement un « terrain de jeu » pour « entraîner » l'encadrement.

Comme les dérives à corriger ne manquaient pas, le thème des sanctions négatives fut un premier terrain d'exercice vivifiant.

Michaël était personnellement très actif et courageux dans ce domaine, mais il fallait évoluer sur le fond et la forme.

Erreurs, fautes et sanctions

Sur le fond, la distinction entre erreur et faute était floue et mettait l'encadrement dans l'embarras. Lorsque pour la première fois, je demandai à

Michaël s'il fallait sanctionner les erreurs ou les fautes, il ne sut quoi répondre. Pour lui, comme la non-conformité qui résultait de l'erreur ou de la faute était identique, il ne voyait pas de différence et sanctionnait les deux. Le caractère volontaire ou involontaire de l'action répréhensible lui apparaissait secondaire.

Il fallut donc s'entendre sur la signification de ces mots d'usage courant, pour partager la vision commune indispensable à l'unité d'action de l'encadrement.

L'erreur fut définie comme une action inconsidérée, contraire au bon sens, à la réflexion et imputable soit à l'ignorance soit à l'étourderie : « on ne l'a pas fait exprès ».

La faute fut définie comme un manquement volontaire à une règle : « on l'a fait exprès, en connaissance de cause ».

Les erreurs comme les fautes doivent être corrigées : il faut évidemment réparer leurs dégâts et s'assurer qu'elles ne se reproduiront plus. Cependant, seules les fautes devraient être sanctionnées négativement.

Pourquoi ?

Si les entreprises aiment bien parler du « droit à l'erreur », elles n'ont pas encore fait la promotion du « droit à la faute »…Il doit bien y avoir une raison…

De fait, dans toute entreprise, que les erreurs commises soient rapidement connues afin d'être rapidement corrigées devrait être une évidence de bon sens. Plus tôt les erreurs sont connues, plus tôt elles sont réparées et moins leurs conséquences sont importantes.

Les entreprises et leurs clients sont obsédés par la qualité des produits et des services livrés, ainsi que par leur fiabilité. Le client achète une protection contre les ennuis et n'accepte donc pas l'erreur.

En toute rigueur, le droit à l'erreur n'existe pas. Ce qui existe par contre, ce sont des personnes qui commettent des erreurs, simplement parce nul n'est parfait et que chacun, même animé des meilleures intentions du monde, peut se tromper…

Le reste est une question de bon sens.

Il faut être intolérant vis à vis des erreurs mais tolérant vis à vis des personnes qui les ont commises. Il faut en particulier donner intérêt à annoncer les erreurs commises, sans crainte de sanction négative. A défaut, on obtiendra le contraire de ce qui est recherché.

Par exemple, l'opérateur est aux premières loges pour capter des informations sur le déroulement des opérations de production. S'il constate une dérive dans le fonctionnement d'une machine, est-il encouragé à réagir ? Ou bien a-t-il intérêt à attendre que la machine tombe en panne ? (Cela lui fera du temps libre pendant que la maintenance répare…) A-t-il le pouvoir d'arrêter la production s'il juge que c'est la meilleure décision à prendre ? Peut-il régler le problème lui-même ? Aura-t-il des réponses rapides à ses demandes d'assistance ?

Il est facile de comprendre la valeur ajoutée par une bonne réactivité de l'opérateur face à de tels aléas.

Mais de quoi dépend-elle ?

À la fois de sa compétence et de ses qualités de comportement.

La compétence relève de la formation et de l'expérience.

Le comportement ne dépend pas seulement de qualités personnelles naturelles. Il est également fortement influencé par la qualité de l'environnement de travail, c'est-à-dire de l'application de règles de fonctionnement qui lui donneront plus ou moins intérêt à bien faire.

Si une règle est « manageons les faits » et que personne ne prend en compte les faits observés par l'opérateur, qu'arrivera-t-il ?

L'opérateur le mieux disposé finira par garder pour lui ce qui pourrait contribuer à faire des progrès. Les réalités du terrain seront moins bien connues et les problèmes seront résolus plus tardivement…

Si une règle est « nous avons le droit à l'erreur » et que l'opérateur est réprimandé, voire sanctionné négativement, parce qu'il a spontanément fait part de difficultés rencontrées ou d'erreurs commises, quelles seront les conséquences les plus probables ? Le même opérateur cherchera à se protéger et l'omerta deviendra une pratique courante, et invisible d'en haut…

Comprendre le sens des règles que l'on s'est données et les faire respecter a donc une importance vitale pour encourager les comportements qui assureront la performance attendue dans la durée.

Pour faire comprendre le sens de cette action de fond, je me suis servi de la fable des piranhas et des poissons rouges :

L'entreprise est parfois comme un bocal plein de poissons rouges, où nagent quelques piranhas. Ces derniers ont une réputation peu flatteuse. Prédateurs carnassiers à la mâchoire puissante, ils aiment prospérer aux dépens des proies innocentes qui ont la malchance de croiser leur chemin. Dans l'entreprise, ce sont les « sales cons certifiés » qui pourrissent l'existence de leurs collègues, mais aussi les magouilleurs et « parasites » qui détournent volontairement les règlements à leur profit, désorganisent sciemment le fonctionnement des équipes et plombent les résultats de l'entreprise.

Même quand ils sont très peu nombreux, leur capacité de nuisance est suffisante pour obséder certaines Directions d'entreprise avec cette question lancinante : comment s'en débarrasser ?

La première tentation consiste à partir à la chasse. Il faut plonger dans le bocal avec son masque et son tuba, se mettre à l'affût et au hasard des rencontres, viser et tirer avec son fusil sous-marin. Le résultat est loin d'être garanti car la cible est méfiante, mobile et très agile. Il faut donc beaucoup de temps et beaucoup d'énergie pour garnir le tableau de chasse. Et durant ce temps, on ne s'occupe pas des poissons rouges… et les piranhas se reproduisent… C'est Sisyphe sous la mer…

Cette stratégie est donc coûteuse et perdante. La stratégie gagnante repose sur une simple observation. Les piranhas aiment l'eau trouble. C'est d'ailleurs une condition essentielle de leur survie. Ils ont besoin d'eau trouble pour évoluer à leur aise, se faire prendre pour des poissons rouges, faire leurs mauvais coups et disparaître aussitôt pour échapper aux poursuites. Pour les éliminer, il suffit donc de clarifier l'eau du bocal. En permanence à découvert, ils seront de plus en plus mal à l'aise et isolés. Et ils ne pourront supporter longtemps d'apparaître tels qu'ils sont. Ce sera la cause principale de leur fuite, voire de leur perte.

Si donc nous avons des piranhas dans nos équipes, assurons-nous que nos règles de fonctionnement sont suffisamment claires et applicables avant de partir en guerre contre eux.

Clarifions l'eau de notre bocal !

Dans la forme, le processus de prise de décision de sanction négative avait besoin d'évoluer. Il m'apparaissait important de faire signer les lettres de sanction par les chefs directs. Leur signature serait la marque visible de leur engagement dans un processus qu'ils auraient initié et conclu.

Ce processus n'est autre que le « PDCA[2] du manager ». Tout manager exprime des attentes à ses

---

2. Plan Do Check Act : image de la roue de Deming, outil d'amélioration de la qualité. La méthode comporte quatre étapes, chacune entraînant l'autre, et vise à établir un

collaborateurs. S'il fait sérieusement son métier (et veut être pris au sérieux), il voudra s'assurer que ses collaborateurs agiront conformément à ses attentes. Il contrôlera donc régulièrement leurs réalisations et constatera généralement des écarts, positifs ou négatifs. L'analyse des écarts lui permettra de réagir de façon personnalisée. Selon les cas, il pourra féliciter, aider, corriger, sanctionner ou revoir les objectifs dans une perspective d'amélioration continue.

A Eybouleuf, il fallait faire des progrès à toutes les étapes de ce PDCA : expression des attentes, contrôle et réactivité face aux écarts constatés.

Le premier exemple concret à traiter fut celui des pauses.

De mauvaises habitudes avaient été prises : certains opérateurs s'étaient accordé le droit de prendre une pause supplémentaire de vingt minutes, élégamment dénommée pause pirate…Ces habitudes devaient naturellement être combattues avec détermination.

---

cercle vertueux. Sa mise en place doit permettre d'améliorer sans cesse la qualité d'un produit, d'une œuvre, d'un service, etc.

Plan : Préparer, planifier (ce que l'on va réaliser)

Do : Développer, réaliser, mettre en œuvre (le plus souvent, on commence par une phase de test)

Check : Contrôler, vérifier

Act (ou Adjust) : Agir, ajuster, réagir

D'autre part, compte tenu de l'importance des retards de livraison, il apparut évident qu'éviter d'arrêter les lignes pendant les pauses quotidiennes de trente minutes apporterait un avantage substantiel et immédiat. Michaël sollicita ses agents de maîtrise pour imaginer une organisation du travail qui permettrait d'atteindre cet objectif. Ils se mirent d'accord sur une formule de pause par roulement. Il restait à la communiquer aux équipes et à la mettre en œuvre…

Les opérateurs comprirent bien les raisons du changement mais la solution présentée avait le grave inconvénient de chambouler des habitudes dont l'importance avait été sous-estimée et de poser un vrai problème opérationnel. En effet, ne plus se retrouver entre amis pour se restaurer à la cantine fut perçu comme une brimade supplémentaire insupportable pour certains, qui cherchèrent tous les moyens pour se soustraire à leurs nouvelles obligations…

En outre, deux personnes étaient affectées en temps normal à chaque ligne : un conducteur de ligne et une personne moins qualifiée. Clairement, cette dernière ne pouvait pas s'en sortir toute seule pendant trente minutes. L'organisation des pauses par roulement passait donc par la mobilisation d'une autre personne qualifiée pendant le temps nécessaire. Pour réussir, l'agent de maîtrise se devait de bien anticiper, d'être convaincant et de se rendre disponible sur le terrain pendant cette période. Dans le même élan, il devait combattre la prise de pauses pirates.

Voici un bon exemple de ce qui distingue le « haut » du « bas » et qui peut sembler insignifiant vu de loin. En haut, on rationalise à partir de l'évidence de l'impératif de service du client et on n'imagine pas qu'il puisse y avoir le moindre défaut d'adhésion. La simplicité de l'objectif ne saurait poser de problème d'exécution. Tout signal contraire venant d'en bas ne saurait relever que d'une mauvaise volonté caractérisée, qui s'imposerait de façon inadmissible à des chefs incompétents…

En bas, il faut se préparer à convaincre, et, à défaut, à aller à l'affrontement et à se fâcher pour faire appliquer les nouvelles exigences communiquées.

Rationnellement, le discours à tenir par le chef d'équipe, « droit dans ses bottes », est assez simple :

« Je t'ai demandé quelque chose d'impératif et de réalisable… Si tu ne fais pas ce que je t'ai demandé, tes explications m'intéressent… Si tu n'as rencontré aucun obstacle imprévu, dans ma grande patience, je vais t'expliquer une dernière fois ce que j'attends de toi… Si ta mauvaise volonté persiste, tu m'obligeras à te sanctionner pour t'aider à bien comprendre que je ne lâcherai pas et que je veux que tu t'alignes sur les bonnes pratiques attendues de tous… »

Discours calme, courtois et plein de fermeté, facile à exprimer n'est-il pas vrai ?

Pourtant, subjectivement et pratiquement, le pas à franchir par les agents de maîtrise était un pas de géant. La coordination de leurs actions et leur cohésion seront vitales pour réussir cette reprise en main.

Michaël y veillera en réunissant chaque semaine ses agents de maîtrise pour qu'ils puissent mettre sur la table leurs pratiques, échanger sur les difficultés rencontrées comme sur les succès, se mettre d'accord sur la façon de traiter les récalcitrants. C'est au cours de ces réunions qu'ils prépareront avec soin les décisions de sanction, positive et négative. Dans les cas les plus épineux, ils me consulteront.

Au fil du temps, ces exercices renouvelés régulièrement et ponctués de petites victoires leur donneront petit à petit le sentiment que ce qu'ils jugeaient impossible hier devenait réalisable. Il suffisait de le décider et de bien se préparer ensemble… La qualité de la préparation permettait de viser juste, de bien expliquer les raisons des décisions prises, et de ne pas revenir en arrière face aux contestations classiques en la matière.

Les résistances s'affaiblirent progressivement, les opérateurs « vertueux » retrouvèrent le sourire, satisfaits de constater que les règles communes avaient enfin force de loi et que les « délinquants » ne pouvaient plus se vanter de rester impunis. Michaël me confia un jour qu'il avait reçu le soutien explicite de certains de ses opérateurs appartenant à la « majorité silencieuse » qui lui dirent à quel point ils étaient soulagés et encouragés par la fermeté nouvellement manifestée, tout simplement parce qu'elle leur semblait juste.

De façon expérimentale, le besoin d'ordre se trouve confirmé comme un élément essentiel au bon fonctionnement des hommes en société. Apparente tarte à la crème, le maintien de cet « ordre juste » devrait être au cœur de toute activité managériale.

Sans cet ordre, pas de communauté de travail efficace. Sans un usage raisonné de la force, pas d'ordre durable. Sans politique managériale appropriée, pas de consentement commun aux exigences de l'ordre qui évite l'usage trop fréquent de la force.

Naturellement, la reconnaissance doit être une composante clé de cette politique managériale. Si le besoin d'ordre est essentiel, le besoin de reconnaissance l'est tout autant. Ainsi, en même temps que l'accent était mis sur la nécessaire reprise du terrain, je me suis efforcé de remettre en route des mécanismes de reconnaissance qui avaient été stérilisés depuis deux ans par une politique salariale à zéro.

Cette action sera détaillée au chapitre consacré à la reconnaissance (p. 143).

L’approche métiers

Mi décembre, la mauvaise nouvelle m’atteint comme un uppercut au menton : notre « géluleuse » est en panne.

Pas une petite panne, non.

Mais la méga-panne, celle qui ne doit jamais arriver, celle que la maintenance de l’usine ne peut réparer. Une pièce vitale a lâché. Seul le fabricant allemand de cette machine sophistiquée est en mesure de remplacer cette pièce et d’assurer le redémarrage. Comme un ennui ne vient jamais seul, il n’y aura pas d’intervention possible de leur part avant trois semaines…

Seule machine de cette espèce dans l’usine, nous n’avions aucune solution de secours et devrons expliquer à notre client principal que ses livraisons de gélules, déjà en retard, prendraient trois semaines de « décalage » supplémentaire…

Il se trouve qu’avec Yann, notre commercial, j’avais rendu visite à nos quatre clients principaux pour me présenter et tenter d’établir avec eux les bases d’une relation de confiance. Compte tenu de notre passif, je ne leur avais fait aucune promesse de résultat immédiat. Je leur avais exposé mon analyse de la situation, en reconnaissant tous les loupés avouables de l'usine. Je leur avais dit que nous retrouverions les conditions du bon service qu'ils attendaient non pas en travaillant plus, ce qui leur avait été vendu précédemment sans succès, mais en travaillant mieux. Je leur avais donné des illustrations concrètes des changements en cours et leur avais garanti la clarté dans nos échanges d'information.

Normalement sceptiques, ils m'avaient écouté poliment, et m'attendaient au tournant…

Ah…l'incomparable et délicieuse courtoisie du secteur pharmaceutique, lieu encore civilisé où les brutes du secteur automobile ne se sont pas encore recyclées…

Conformément à mon engagement, je pris le soin d'avertir moi-même notre client de l'embarras dans lequel nous allions le mettre. Il prit la chose avec la philosophie de ceux qui s'attendent toujours au pire. Après avoir échangé sur la cause du problème et le calendrier des actions immédiates, il me demanda évidemment de lui détailler ce que nous ferions pour lui garantir que cette machine ne soit plus jamais arrêtée.

En tant que Directeur Technique, Sylvain avait la responsabilité de ce dossier, et c'est d'abord avec lui que je vais travailler pour répondre à la demande légitime du client.

Juste après le redémarrage de la géluleuse début janvier, j'ai donc demandé à Sylvain de m'expliquer en détails les causes de l'arrêt, de m'indiquer ce que ses équipes avaient pu apprendre du fabricant lors de sa visite réparatrice, et enfin de m'exposer son plan de fiabilisation pour cette fichue machine.

Peu satisfait de ses premières réponses, que je trouvai peu claires et brouillonnes, je décidai de retourner avec lui sur le terrain.

Pour l'avoir vue fonctionner auparavant, je comparerais cette géluleuse à une grosse horloge suisse, pour la précision de ses mécanismes et le soin tout particulier qu'il fallait apporter à ses réglages et à son entretien.

Nous entrons donc dans le box de production où par chance se trouvent deux techniciens de maintenance, l'agent de maîtrise et une opératrice de production.

Je poserai les mêmes questions successivement à chacun d'entre eux : à leur avis, quelles sont les causes principales de la dernière panne, quels sont les points-clé de réglage, que faudrait-il faire pour éviter des ennuis similaires dans le futur, qu'avaient-ils déjà changé à cet effet ?

Sans surprise, aucun n'avait la même compréhension des évènements, aucun ne formulait les mêmes recommandations, aucun ne mentionnait le moindre changement de pratique depuis la reprise du travail…

J'en profitai aussi pour bavarder avec l'opératrice. Comment et par qui avait-elle été formée sur ce poste de travail ? Comme elle me dit avoir été formée par l'une de ses collègues, je lui demandai de me montrer le document dont elle se servirait pour m'éduquer si je devais à mon tour faire fonctionner cette machine. Elle me répondit un peu embarrassée qu'il existait bien une procédure. Comme je lui demandai de bien vouloir me la montrer, elle ouvrit une armoire et en sortit un document enfoui sous des cartons et autres objets divers…

Comme je m'y attendais, ce document ancien avait tous les mérites sauf celui de constituer un document de référence permettant de comprendre les paramètres clé du fonctionnement de cette machine.

Le sens du métier

Revenus dans mon bureau, je demandai à Sylvain ce qu'il avait retenu de notre visite de terrain. Prudent, car il commençait à me connaître, il me renvoya la balle avec toute l'habileté dont il était capable.

Je lui fis donc part de mes observations sous forme de questions : comment expliquait-il que ses techniciens de maintenance, censés être les « experts es-géluleuse », n'avaient pas le même avis sur les causes de la panne, ne s'y prenaient pas de la même façon pour effectuer les réglages les plus délicats et ne partageaient pas la même vision de ce qu'il faudrait changer ? Comment accepter que du côté de l'exploitant de production, la connaissance technique des points fondamentaux soit aussi inconsistante ? Comment expliquer l'absence d'une documentation de référence ? Comment imaginer fiabiliser l'équipement sans effectuer le travail de fond indispensable qui permette de partager le savoir et de responsabiliser les différents acteurs autour de bonnes pratiques gravées dans le marbre ?

Sylvain partagea sans difficulté mes constats mais il eut du mal à passer à la case Action. Il était encore tout préoccupé par le grand plan de maintenance préventive qui avait été promis à notre client principal à la suite d'un audit.

Sa première réaction fut donc de me dire que tout cela était bien joli, mais qu'il n'avait pas la ressource pour tout faire.

Il ne me fut pas difficile de lui préciser ce que j'attendais de lui.

Cette machine devait absolument être fiabilisée dans les délais les plus brefs. Nous n'avions aucun autre choix si nous voulions retrouver la confiance de notre client.

Puisqu'il n'avait pas la ressource, je lui demandais de traiter en priorité la géluleuse, avec ses collègues de production, pour en faire un équipement de référence au niveau fiabilité et productivité. Quitte à reporter à plus tard ses autres projets qui m'apparaissaient moins prioritaires, sinon nébuleux.

Je voulais par dessus tout que ce soit l'occasion de ramener les techniciens et fabricants à l'intérieur de leur métier. Je voulais les obliger à travailler ensemble, métiers et niveaux hiérarchiques mélangés, pour redéfinir les références communes opérationnelles qui assureraient fiabilité, qualité et productivité. Je voulais qu'ils aient bien en tête les impératifs de service au client qui justifiaient tous ces efforts. Je voulais les faire sortir de la morosité qui les empoisonnait en les mobilisant sur un projet dont ils seraient les acteurs principaux et dont ils verraient rapidement les résultats. Je voulais enfin démontrer qu'en sectorisant nos efforts, nous pourrions non seulement nous en sortir, mais aussi communiquer sur ce succès et amorcer des effets boule-de-neige vertueux.

Non sans avoir ronchonné juste ce qu'il fallait, Sylvain accepta le défi que je lui lançai : avancer « à marche forcée » et aboutir pour le principal dans deux mois.

Pour ma part, je demandai à recevoir en copie les comptes rendus de réunions et exigeai la mise en place d'un tableau de suivi hebdomadaire de performance de cette machine.

Pendant les deux mois suivants, je passerais presque tous les jours sur le terrain pour écouter les différents acteurs et m'intéresser à leurs progrès.

Comme je m'y attendais, les progrès furent rapides et consistants. De vieux problèmes auxquels tout le monde s'était habitué furent résolus. Le mécanisme de l'amélioration continue se mit en place de façon assez naturelle. Le niveau de performance battit des records. Les retards de livraison furent résorbés. Le client se fit expliquer l'ensemble de nos actions lors d'une « business review » et en fut content.

Un conte de fées ? Non. Le résultat normal d'une méthode bien connue dans l'industrie, qui se montre pleinement efficace lorsque les conditions requises sont réunies : engagement de la Direction, règles du jeu partagées, responsabilisation de tous les acteurs, communication régulière des résultats…

Ma rétribution personnelle fut le sourire retrouvé des gens de terrain que je croisais régulièrement et qui me parlaient avec simplicité de leurs résultats. Je pouvais lire dans leurs yeux un mélange de satisfaction et de fierté, et cette sorte de tranquillité apaisée qui me rappelait cette citation fameuse de Saint Augustin : « la paix, c'est la tranquillité de l'ordre ». Que de chemin parcouru en si peu de temps !

Cette démarche de progrès ciblée qui permet d'associer les gens au plus près du terrain, qui met en évidence des résultats rapides, qui donne un intérêt personnel à participer et rend fier des résultats obtenus est au cœur du Plan d'Action évoqué précédemment.

Elle n'a rien de révolutionnaire dans sa conception mais se montra particulièrement adaptée au contexte d'Eybouleuf. Dans l'ambiance initiale marquée par la morosité, la défiance et le défaitisme, elle permit de passer par le métier pour remobiliser petit à petit quelques poignées de personnes.

Réveiller la curiosité

Pour l'avoir souvent expérimenté, et un peu appris dans les livres, je sais que toute personne normalement constituée cherche plutôt à bien faire son travail.

Y compris dans les circonstances les plus invraisemblables, comme par exemple le sidérant colonel Nicholson, héros du Pont de la rivière Kwaï.

Cette disposition naturelle largement partagée est un trésor. Je n'ai jamais rencontré personne qui refuse d'expliquer son travail. Bien au contraire, même avec les personnes qui sont a priori les plus hostiles, j'ai remarqué qu'il suffisait de leur témoigner un véritable intérêt pour ce qu'elles font pour libérer aisément leur parole.

En tant que nouveau venu à Eybouleuf, dans un métier dont j'ignorais tout, il me fut assez facile de poser les questions innocentes dont mes interlocuteurs voyaient bien qu'elles ne visaient qu'à satisfaire mon besoin de compréhension du métier. Et, contribuer à l'éducation du chef, c'est assez valorisant… Ce fut l'occasion d'identifier un groupe d'une vingtaine de personnes, de tout niveau hiérarchique, particulièrement bavardes et curieuses. Ces personnes allaient devenir mes interlocuteurs réguliers lors de mes tournées de terrain.

Comment faire réussir son équipe sans connaître les obstacles qui entravent sa marche ? Je crois que l'une des raisons d'être des chefs est de faciliter le travail de leurs collaborateurs. Pour ma part, je m'efforce de consacrer beaucoup de temps à écouter, pour prendre la bonne mesure des obstacles à éliminer, pour aplanir le chemin et rendre le voyage plus facile.

Je me suis donc appliqué dans mes tournées d'atelier à rencontrer régulièrement mes « bavards et curieux ». Après les salutations d'usage, je leur posais des questions ouvertes simples et banales du genre : « comment cela se passe-t-il aujourd'hui ? » Assez souvent, au début en tout cas, elles m'expliquaient ce qui ne marchait pas. J'étais alors particulièrement intéressé par leurs explications et tenais à ce qu'elles me montrent les détails concrets sur le terrain. Je cherchais alors à savoir comment elles avaient pu réagir directement ou indirectement.

Certains avaient des idées d'amélioration. J'étais curieux à mon tour de savoir à qui ces idées avaient été transmises et des suites qui seraient apportées. Sur les sujets qui me semblaient les plus intéressants, j'assurais un suivi sous forme de questions : « vous vous souvenez, il y a une semaine, vous m'aviez parlé de telle chose, où en êtes-vous aujourd'hui ? » Petit à petit, mes interlocuteurs se prenaient au jeu et faisaient de leur mieux pour ne pas rester sans réponse.

Je m'en suis toujours tenu à la règle d'or selon laquelle le chef a le droit de tout écouter, à condition de ne pas se substituer aux responsables pour prendre des décisions à leur place. Ainsi, je n'ai jamais pris la moindre décision à la place des autres. Je me suis simplement contenté de les poursuivre de mes questions…

L'un des meilleurs techniciens de l'usine me fit un jour cette confidence : « vous avez un style bien à part. Au début, je ne voyais pas où vous vouliez en venir avec vos questions. Maintenant c'est clair, j'ai bien compris que vous vouliez nous réveiller et nous responsabiliser. Et cela finit par marcher. » Assez bien vu…

En effet, je suis convaincu de l'efficacité des systèmes d'amélioration continue qui ont largement fait leurs preuves partout dans le monde. Mais je crois aussi qu'en dehors des systèmes, rien ne remplace la curiosité personnelle. Rien ne remplace cette étincelle qui allume le regard et sollicite l'intelligence. Rien ne remplace ce désir de mieux comprendre ce que l'on fait pour l'améliorer. Cette noblesse inhérente à tout métier n'est pas réservée à quelques uns.

Aux managers qui s'interrogent sur le manque de motivation de leurs collaborateurs, je suggèrerais de réfléchir aux conditions à réunir pour que ces derniers retrouvent l'amour et la fierté de leur métier.

Replacer les gens à l'intérieur de leur métier a donc été l'une de mes lignes directrices. Challenger les gens pour m'assurer qu'ils comprennent ce qu'ils font et qu'ils sont engagés dans des actions d'amélioration a été un souci constant.

Mais il fallait aussi recréer des liens distendus et donner du sens au métier de chacun. Par exemple, la situation des régleurs me préoccupait. Appartenant à la Maintenance, ils avaient en charge les changements de format sur les lignes de conditionnement et le redémarrage de ces lignes. A chaque changement de production, ils étaient en première ligne pour maîtriser ces temps d'arrêt si pénalisants pour notre productivité.

J'avais observé que si les temps standards de changement de format étaient calculés plutôt large, les dépassements étaient pourtant fréquents. C'était régulièrement un sujet de friction entre Michaël et Sylvain.

L'histoire des loupés des régleurs

Un jour où nous étions sous forte pression afin d'assurer la livraison d'un certain produit à l'heure, nous nous étions organisés pour rendre cette production prioritaire. Ainsi, nous avions communiqué à tous les départements l'importance vitale de cette réussite dès le lancement en fabrication. Le branle bas de combat avait amené tout l'équipage sur le pont…

L'ensemble des opérations devait se dérouler sur une semaine et faisait l'objet d'un suivi quotidien. Nous avions tout juste assez de temps, et aucun droit à l'erreur…

Or, lorsque le moment fut venu de lancer le conditionnement, le temps de changement de format préalable fut de trois équipes au lieu d'une seule…

Fureur de Michaël qui me transmit cette information, assortie de commentaires acerbes sur l'incompétence et la fainéantise des troupes de la Maintenance…

Je convoquai Sylvain pour avoir sa version des faits. Il tomba de l'armoire… Il n'était pas au courant… Dépité et furieux à son tour, il me dit son intention de faire « une grosse tête » à ses régleurs. Il voulut les convoquer à un entretien préalable à sanction. Je lui suggérai une autre approche.

Il devait bien sûr rencontrer les deux régleurs concernés, séparément.

Je lui conseillai de commencer par la question suivante : « connais-tu la performance de la ligne X (dont tu es chargé) ? » Comme il y avait fort à parier que leur réponse serait négative, enchaîner par : « ah bon, cela ne t'intéresse pas ? Peux-tu m'expliquer pourquoi ? » Après cette mise en bouche destinée à rappeler le sens du service qu'il devait rendre, l'interroger en détails sur les causes de la défaillance constatée. Le manque de compétence serait probablement mis en évidence, ainsi que le manque de coopération avec ses collègues de la maintenance. Car il faudrait bien expliquer pourquoi le signal d'alarme n'a pas été tiré plus tôt. Et s'il l'avait été, pourquoi personne n'avait réagi. Y avait-il un problème de surdité à traiter ? Terminer l'entretien par un plan d'actions correctives, individuel et collectif, et laisser en suspens la prise d'une éventuelle sanction disciplinaire.

Deux jours plus tard, un Sylvain assez content revint m'exposer le résultat de ses deux entretiens. La première partie s'était déroulée comme prévu. Aucun des deux régleurs ne s'était senti vraiment concerné par la performance de la ligne de conditionnement. A un point qui surprit quand même Sylvain, qui ne s'attendait pas à une telle désinvolture. Cela illustrait bien le trou béant qui séparait production et maintenance, en soulignant l'absence d'objectifs communs aux deux départements.

La deuxième partie de l'entretien fut longue et riche d'enseignements. C'était en réalité la première fois que Sylvain avait une discussion aussi approfondie avec chacune de ces deux personnes. Après une première phase de tentative d'évitement, les choses importantes avaient été dites.

En réalité, les deux régleurs affectés à cette ligne n'étaient pas les plus compétents. L'expert de cette ligne supervisait d'autres lignes et devait être « supplié » pour apporter son conseil. Ce personnage était craint de ses pairs, car il n'hésitait pas à profiter de sa supériorité technique pour rabaisser ses collègues, incapables à ses yeux. Pour lui, il aurait été tout à fait incongru de partager son savoir-faire. Malgré tout, c'est lui qui avait accepté de suppléer ses collègues pour permettre enfin le démarrage de la ligne.

L'un des deux régleurs avait pleuré d'humiliation devant le constat de son manque de savoir faire. Et Sylvain, abandonnant ses velléités guerrières premières, avait dû lui remonter le moral…

Les conclusions à tirer étaient multiples. Sylvain était le premier concerné, car la plupart des défaillances constatées étaient de son ressort. Il avait découvert qu'il ne suffisait pas d'affecter quelqu'un à un poste de travail pour que le travail soit bien fait. Découverte confondante s'il en est… Il était tombé dans le piège de la facilité qui consiste à croire que les techniciens d'une certaine ancienneté sont nécessairement compétents. Il s'était rendu compte qu'il connaissait trop superficiellement ses collaborateurs, et qu'il ne passait pas suffisamment de temps sur le terrain à leur contact.

Il avait pris la mesure de l'individualisme de ceux qui ne voulaient pas transmettre leur savoir et en voyait bien maintenant toutes les conséquences.

L'agent de maîtrise chargé de superviser ses régleurs était absent au moment des faits. Il lui faudrait revoir avec lui comment refermer les boucles de suivi et de contrôle, et comment faire vivre des objectifs communs avec la Production. Il lui faudrait aussi le renforcer dans son rôle de développement des compétences.

On était donc bien loin des sanctions disciplinaires envisagées à chaud…

Le réglage Qualité

La découverte de la politique Qualité de l'usine fut pour moi une plongée dans le royaume d'Absurdie.

En théorie, le système Qualité avait été conçu sur un modèle inoxydable. Tout était prévu pour garantir aux clients la qualité pharmaceutique irréprochable attendue.

L'usine n'avait pas eu besoin d'innover en ce domaine. Il lui avait suffi de déployer les standards de la profession. A la différence des autres industries, le non respect des BPF (Bonnes Pratiques de Fabrication) constaté lors d'une inspection de l'ANSM pouvait entraîner la fermeture du site.

Le niveau de contraintes réglementaires était donc particulièrement élevé. Le nombre de procédures destinées à bien faire dépassait l'entendement. Le coût d'obtention de la qualité ne semblait pas être une préoccupation.

Mais bon, dans la profession, il se dit que tout le monde supporte les mêmes contraintes et arrive à faire avec…

Cette construction rationnelle contenait normalement tous les ingrédients nécessaires pour aider les responsables à prendre facilement les bonnes décisions et à les rassurer.

Or à ma grande surprise, je constatai que ce système rationnel était géré de façon surprenante. La place donnée aux faits était insuffisante. Le besoin d'autoprotection des pharmaciens responsables les conduisait à prendre des décisions absurdes. Par dérives successives, les Directeurs Qualité de l'usine, sans doute inexpérimentés et angoissés, avaient imposé leur vision d'un zéro défaut quasi absolu. Sans doute peu au fait des réalités industrielles, ils n'avaient pas vu que la mise en application de leur vision ferait courir un risque mortel à l'entreprise. Et au dessus, « on » les avait laissé faire…

Comme je l'ai déjà mentionné plus haut, Michaël m'avait sensibilisé sur les conflits incessants entre Production et Qualité. Très vite, je me suis efforcé de faire émerger une vision commune, mais me suis heurté à la résistance résolue de ceux qui étaient persuadés d'incarner et de défendre le Bien Pharmaceutique…

L'histoire des plis aluminium

Le premier exemple de décision absurde qui se présenta concerne les plis aluminium de la ligne Z.

Cette ligne conditionnait le même produit depuis vingt ans pour notre client principal. Comme sur toute ligne de conditionnement, le procédé consistait à former à chaud des alvéoles dans une bande de PVC, à y déposer les comprimés, puis à sceller l'ensemble à l'aide d'une bande en aluminium. Sur la ligne Z, ces opérations se déroulent à haute vitesse, et les rouleaux de PVC et d'aluminium sont deux fois plus larges que sur les lignes classiques.

Il peut donc arriver que l'aluminium ne se déroule pas toujours parfaitement en parallèle avec le PVC, et ces dérives d'alignement peuvent occasionner des plis au scellage.

Personne ne s'en était vraiment ému.

Quelques mois avant mon arrivée, le pharmacien libérateur décida que les plis ne pouvaient plus être acceptés, car à ses yeux ils représentaient un risque inacceptable de perte d'étanchéité des blisters.

La première conséquence fut de multiplier les contrôles visuels, et de diviser par deux la productivité.

Dans le même temps, un groupe se mit au travail pour rechercher quelles solutions techniques pourraient bien éliminer les plis.

Je pris connaissance des recommandations de ce groupe peu après mon arrivée. Elles me laissèrent plus que sceptique. Le travail d'essais, d'études et d'analyses, validé par mon prédécesseur, me semblait manquer de solidité. Mais le mouvement avait été lancé, la conclusion était limpide : il suffirait d'augmenter l'épaisseur de l'aluminium et le problème serait résolu.

Personne n'avait pris le soin d'évaluer le coût supplémentaire dû à l'achat d'un aluminium plus épais. Julien aurait du s'en préoccuper, mais il n'avait pas été impliqué dans ce projet…

L'étape suivante consistait à informer le client et recueillir son avis. En effet, dans ce monde pharmaceutique où tout est codifié, autorisé et tracé, un projet de modification de conditionnement d'apparence mineure peut être soumis à des règles drastiques. Un courrier cosigné par Michaël et Crispine fut donc expédié au client fin novembre pour recueillir son avis.

En retour, le client attira notre attention sur la nécessité de faire des essais de stabilisation, (essais de simulation de vieillissement du produit en laboratoire), longs et coûteux, étant entendu que le coût serait à notre charge. « Off the record », Yann me rapporta que notre client s'étonnait que nous soyons les seuls sur la planète pharma à ne pas savoir travailler avec une épaisseur d'alu standard. Au point où en étaient nos relations, cet « understatement » avait valeur d'avertissement.

Fort de ces informations, je décidai de laisser ce projet sur la glace, et je pris une autre orientation. Puisque les contrôles renforcés étaient en place, je souhaitai que le problème soit reposé sur la base des données tirées de ces opérations. La production d'un mois devrait nous donner des chiffres significatifs : quelle proportion de blisters plissés, quelle proportion de blisters fuyards ?

Les premiers résultats de janvier furent confondants : 0,1 % de blisters plissés, 0,02 % de blisters fuyards. Ce niveau était trente fois inférieur au niveau d'acceptation figurant au cahier des charges !

Mais pour la Qualité, il était encore trop tôt pour se déjuger. Les chiffres tirés d'un mois de production n'étaient pas assez représentatifs…

Il fallut finalement attendre trois mois supplémentaires de données, soit une étude portant sur environ trois millions de blisters avec des résultats identiques à ceux de janvier pour obtenir de la Qualité la décision de bon sens qui s'imposait.

Mais que de temps perdu et d'énergie dépensée sur de faux problèmes !

Comment libérer ce qui n'est pas libérable…

Un jour, lors d'un déjeuner pris au restaurant d'entreprise avec l'équipe Qualité, je dis à mon voisin, pharmacien responsable de l'Assurance Qualité Produit arrivé depuis trois semaines : « savez-vous que vous êtes payé pour libérer ce qui n'est pas libérable ? »

Complètement interloqué et insensible à ma demi boutade humoristique, il me répondit : « monsieur, si vous voulez mettre fin à ma période d'essai, il faut me le dire tout de suite ».

Venant d'un grand groupe pharmaceutique, son esprit avait été formaté « grave et sérieux » et il avait une conscience élevée de ses devoirs.

Je tentai donc de le rassurer en lui disant que je comptais simplement sur lui pour faire preuve de bon sens dans ses décisions…

Quelque temps plus tard, Augustin vint me voir un matin avec sa tête des mauvais jours pour m'informer que notre production principale en volume serait arrêtée pendant environ un mois.

L'un des excipients nécessaires à la fabrication du produit n'avait pas passé le contrôle réception, et l'intégralité du lot livré par le fournisseur indien était refusée par notre Laboratoire de Contrôle.

Augustin avait déjà exploré les différentes voies de dépannage envisageables : recours à un autre fournisseur, livraison express de remplacement par notre fournisseur indien, dépannage par un autre site du Groupe, sans succès.

Il avait expliqué à Dirk, notre nouveau Directeur Qualité temporaire, les conséquences dramatiques de cette situation, sans rien obtenir d'autre que la confirmation du refus de l'excipient.

Je pris donc la question à bras le corps et invitai Dirk à me rejoindre. Crispine avait démissionné fin janvier et je l'avais laissée partir rapidement. Dirk nous vient du Groupe. Il connaît bien l'usine, ses produits et ses clients. Il s'est intégré facilement et la relation de travail est nettement plus simple avec lui qu'avec Crispine.

Comme je le lui ai demandé, il arrive avec des éléments concrets. Le contrôle réception a trouvé des contaminations dans chacun des dix fûts livrés.

L'excipient est une poudre fine de couleur blanche, les contaminations ressemblent à des débris de coquilles d'œuf de différentes tailles. Comme je demande à Dirk si nous pourrions tamiser les fûts pour éliminer ces impuretés, il me répond par la négative. Il ne connait pas la nature de ces impuretés et le tamisage ne permettrait pas de les éliminer totalement. Il ne peut ni ne veut courir ce risque.

Connait-il l'origine et la composition de ces impuretés ? Non. Comme je lui demande si notre laboratoire n'aurait pas les moyens d'analyse nous permettant d'avoir cette information, il me fait cette réponse magnifique : « nous n'avons pas les moyens nécessaires, parce que nous ne savons pas ce que nous cherchons… »

Dirk sait bien mon ignorance technique des moyens de laboratoire et des protocoles d'analyses. Il me fait pendant dix minutes un « topo pour les nuls » pour éclairer ma lanterne sceptique.

Cela me donne le temps de faire une hypothèse : « supposons que ces impuretés ne proviennent que du processus de fabrication de l'excipient, qui, je crois le savoir, est un processus à chaud. Ne serait-il pas raisonnable de supposer que ces coquilles d'œuf ne sont constituées que de l'excipient, amalgamé et durci dans des conditions que nous ignorons ? Dans cette hypothèse, nous savons ce que nous cherchons. Le Laboratoire pourrait-il alors nous apporter la réponse dont nous avons besoin ? »

Dirk en convient et file dare dare donner les instructions nécessaires.

Je le vois revenir frétillant comme un gardon en fin d'après-midi. Oui, il s'agit bien du même produit. Oui, nous pouvons donc tamiser. Oui, la production ne sera donc pas arrêtée.

La moralité de cette histoire est assez simple.

Dans un premier temps, les différentes personnes concernées agissent dans le respect des systèmes et des procédures, et nul ne peut le leur reprocher.

Ce qui est choquant, c'est de s'arrêter là. Dans l'optique Qualité, chacun a fait son job conformément aux BPF. L'excipient n'est pas acceptable, c'est la faute du fournisseur et donc c'est à la Logistique de traiter ce problème. Dans le logiciel mental du pharmacien responsable, bien au courant des conséquences de ce refus, aucun plug-in pour déclencher ne serait-ce qu'un début de questionnement pour rechercher une issue. Le système a été respecté, tout est en ordre, que veut-on de plus ?

Un ordinateur aurait pris la même décision.

Le lot d'excipient n'était pas libérable.

En définitive, avec un peu d'imagination, il fut libéré sans transgresser les règles Qualité ni mettre en péril la santé du client final…

Tout métier peut se caractériser par une action de transformation. Un menuisier transforme une matière à l'aide d'outils en vue de produire un meuble qui va rendre service à un tiers qui est son client.

Que transforment les pharmaciens de notre usine ? J'aimerais tellement qu'ils utilisent toutes leurs compétences pour « libérer ce qui n'est pas libérable », dans le respect des exigences du client, bien sûr.

La toute puissance de la Qualité prend parfois une tournure pathologique.

La production d'un lot de médicaments destinés au traitement de schizophrènes hospitalisés prend fin. Nous sommes confiants : pour la première fois depuis bien longtemps, nous ne serons pas en retard. Et patatras, lors d'un contrôle en cours de fabrication, quatre comprimés tachés sont identifiés et mis de côté. L'AQP (Assurance Qualité Produit) décide de mettre tout le lot en quarantaine, en attente de décision. Augustin est consterné. Michaël fulmine. Moi aussi.

Je me calme et me rend dans le bocal de l'AQP pour bavarder avec les techniciens qui ont pris cette décision. Comme toujours, je souhaite d'abord voir les pièces à charge. Ensuite, nous entamons une discussion :

Moi : trouvez-vous bien raisonnable de stopper ce lot pour seulement quatre comprimés tachés ?

Eux : qui nous garantit qu'il n'y en a que quatre ?

Moi : la production a été régulièrement contrôlée, et, sauf erreur de ma part, aucun autre comprimé taché n'a été vu.

Eux : oui mais, vous savez bien que le contrôle visuel d'un blister ne permet que de voir une seule face du comprimé. Il faudrait décortiquer pour être sûr.

Moi : combien de blisters voudriez-vous décortiquer sur les quarante mille qui ont été produits ?

Eux : on ne sait pas encore

Moi : avez-vous identifié la composition de la tache ? Est-ce de la graisse alimentaire ? Est-ce un produit dangereux pour le client ?

Eux : on ne sait pas ce que c'est, on n'a pas les moyens de savoir… c'est normal d'appliquer le principe de précaution…

Moi : croyez-vous vraiment que ces taches représentent un risque réel pour le patient ?

Eux : on ne peut pas écarter ce risque.

Moi : est-ce que vous réalisez que si ce lot reste bloqué pour quatre comprimés tachés, l'usine peut mettre la clef sous la porte ?

Eux : ????

Nous en resterons là. Le relais sera pris par Dirk, qui prendra finalement la bonne décision. Après trois semaines d'atermoiements et un contrôle statistique léger pour la forme, ce lot sera libéré.

Comment partager une vision commune des exigences de la Qualité ? Comment rationnaliser les mécanismes de prise de décision et responsabiliser les acteurs de Production comme de Qualité ?

J'ai délibérément choisi de provoquer une crise. Un jour où Michaël me confiait une nouvelle fois son exaspération devant une décision qui lui semblait absurde, je lui dis que s'il avait des arguments solides, il pouvait dire non aux demandes de la Qualité. Incrédule, Michaël m'a demandé s'il avait bien entendu. Je lui ai répondu qu'il n'avait rien à craindre, et qu'on verrait bien ensemble ce qui allait se produire…

Cela n'a pas manqué, crise il y eut…

Et comme je l'espérais, cette crise fut salutaire.

Michaël prit davantage confiance en sa capacité d'influence, parce qu'il se savait soutenu dans son approche industrielle et économique de la Qualité. C'était un signal fort que je lui donnai pour qu'il occupe tout son terrain, sans complexe, avec son encadrement.

Dirk, qui n'avait pas le tempérament d'un guerrier, n'aimait pas les situations conflictuelles et inclinait naturellement au compromis.

Il n'en fallait pas plus pour se réunir tous les trois avec une volonté commune de retrouver une vision de ce que doit être le juste nécessaire en terme de qualité. Nous nous mîmes d'accord pour travailler autour des orientations suivantes :

– Développer l'application de contrôles statistiques visant à démontrer la conformité de la production avec les critères de NQA.

– Partager autant que possible une analyse commune des défauts : comment regarde-ton un comprimé ? Le défaut présente-t-il un risque pour la santé publique ? Le défaut sera-t-il objet de réclamation ?

– Etant donné que cette analyse est vécue comme une contrainte insupportable par certains, parce que gérée actuellement de manière orale, il est convenu de faire un effort de formalisation dans une défauthèque écrite et redescendue au niveau de l'opérateur.

Ces orientations étaient déjà présentes dans le Plan d'Action. Elles vont maintenant pouvoir se déployer dans la pratique, sous la houlette de Dirk. Un effort de longue haleine qui sera loin d'être achevé lorsque je quitterai l'usine.

Les partenaires sociaux

D'une certaine façon, les relations avec les partenaires sociaux ont été plus simples qu'avec les « ayatollahs » de la Qualité.

Notre première prise de contact en Comité d'Entreprise a été assez musclée. Notre première réunion avait duré près de trois heures pendant lesquelles j'avais eu droit à un démolissage en règle de tout ce que la Direction avait fait jusqu'à présent.

J'ai eu la chance de recevoir une éducation cinq étoiles dans le domaine des relations sociales. Lorsque j'étais encore en culottes courtes, je me suis trouvé en première ligne dans les conflits sociaux qui ont agité l'usine Citroën d'Aulnay sous Bois entre 1982 et 1984. Sur ce terrain de grandes manœuvres syndicalo-politiques, j'avais été l'un des acteurs d'une guerre sociale longue et épuisante. J'en avais beaucoup appris sur la tectonique des conflits et avais été bien placé pour en mesurer toutes les conséquences ravageuses. L'entreprise en était ressortie considérablement affaiblie. Des centaines de salariés trompés par des apprentis sorciers qui leur avaient promis des lendemains qui chantent s'étaient retrouvés au chômage.

J'avais aussi appris qu'un conflit de cette importance ne pouvait se déclencher sans l'existence d'un terrain favorable. Le feu qui couvait sous la cendre avait pu se propager avec une force surprenante, parce qu'en fait l'occasion avait été donnée aux plus faibles de « relever la tête » et de prendre leur revanche sur des années d'humiliation.

J'en avais tiré la conclusion que des personnes salariées d'une entreprise étaient prêtes à accepter bien des choses et à tout oublier, tout sauf l'humiliation.

Dans mes responsabilités ultérieures, cet enseignement m'a constamment habité. Partout où je suis passé, je me suis efforcé de tenir au même niveau les exigences d'efficacité du métier et l'exigence de respect dû à toute personne, quel que soit son rang. Je me suis également fortement engagé pour faire partager cette vision et la décliner en politique managériale.

Les représentants du personnel d'Eybouleuf ne m'impressionnèrent donc pas. Dans l'ensemble, ils n'étaient pas « politiques » et, sauf pour l'un d'entre eux, leurs motivations ne me sont pas apparues malsaines. Dans l'histoire de l'usine, ils avaient eu parfois recours aux arrêts de travail, et il en était resté l'impression que quand ils l'avaient voulu, ils avaient obtenu gain de cause face à une Direction qui avait horreur de l'affrontement.

Pour entretenir les meilleures relations possibles avec eux, je m'en suis tenu à quelques lignes de conduite strictes.

Tout écouter

Je leur ai dit d'emblée que j'étais prêt à tout écouter, de la part de quiconque. Même les contestations les plus violentes. Mais écouter ne veut pas dire acquiescer. Si ce qui m'était dit ne me semblait pas être un vrai problème, je ne m'en occuperai pas. Si par contre la question soulevée était un vrai problème, alors je serai d'accord pour m'en occuper et leur revenir avec une décision.

Tenir un langage de vérité

De l'ouvrier à l'ingénieur, en passant par le syndicaliste, mon langage est le même. Donner la même information à tout le monde, sans langue de bois, c'est assez simple et cela rapporte gros. Lorsque le discours est constant et qu'il est vérifié par les faits, la rétribution sociale qui en découle s'appelle confiance. Cette rétribution n'a pas de prix.

Pas de scoop

Les partenaires sociaux ont légalement droit à une multitude d'informations, et c'est une bonne chose. Mais les droits dont ils disposent n'obligent nullement la Direction à court-circuiter l'encadrement. Dans la pratique d'Eybouleuf, les réunions de CE seront toujours précédées de réunion de CODIR et de réunion avec l'encadrement.

Au cours de ces réunions, les points portés à l'ordre du jour du CE seront passés en revue, soit pour préparer les réponses, soit pour expliquer les réponses qui seraient apportées.

Pas de mise en porte à faux

Le jeu classique des représentants du personnel consiste à tenter de diviser la ligne hiérarchique. Ils ont parfois raison de dénoncer tel ou tel comportement inadmissible de tel « petit chef ». Mais en réunion, la règle qui doit s'appliquer est le soutien inconditionnel. Si vrai problème il y a, il sera traité en petit comité.

Rechercher la justice

Les partenaires sociaux n'ont pas le monopole de la justice. Je ne vois pas pourquoi agir justement serait réservé à quelques uns. L'injustice est le fond de commerce principal des représentants du personnel qui cherchent régulièrement à donner mauvaise conscience à l'encadrement sur ce terrain et éventuellement à détruire son autorité. Je tenterai de les convaincre que je suis autant attaché à la justice qu'eux, mais peut-être avec des critères de jugement différents. Ce sera l'occasion de discussions très intéressantes sur les distinctions entre égalité de traitement et égalité de résultats. Spontanément pour le plus grand nombre, justice veut dire égalité. Mais l'égalité de quoi ? That is toute la question…

Positiver

Les partenaires sociaux sont un peu comme les journalistes qui ne parlent que des trains en retard. Dans l'atmosphère morose et pesante des premiers mois où j'entends que rien ne marche et que rien ne marchera jamais, je m'appliquerai à chaque réunion à donner des exemples de ce qui fonctionne ou de ce qui s'améliore et à commenter les raisons qui expliquent le succès. Petit à petit, ce qui pouvait leur sembler relever de la méthode Coué a pris de plus en plus de consistance. Mes partenaires se sont parfois retrouvés dans la situation absurde où ils refusaient de reconnaître les succès, parce qu'ils auraient ainsi donné tort à leur pessimisme…

En restant fidèle à ces lignes directrices, le climat des réunions est passé de tendu et nerveux à détendu et serein. Il nous est même arrivé au bout de quatre mois de plaisanter parfois et de partager une bonne humeur assez inadmissible pour des tenants supposés de la lutte de classes. La durée des réunions quant à elle s'est réduite autour d'une heure et demi en moyenne.

Au début, le CE semblait avoir trois sujets principaux d'inquiétude : l'absentéisme, le harcèlement et les effectifs.

La question de l'absentéisme

En matière d'absentéisme, les chiffres étaient mauvais. Entre janvier et mars, le taux d'absentéisme hors congés oscillait entre 8 et 10 %. L'interprétation des représentants du personnel était d'une simplicité biblique : ces chiffres étaient la conséquence du mauvais climat de travail de l'usine, mauvais climat dont la Direction et l'encadrement étaient totalement responsables. C'était un signal fort de mécontentement dont la Direction devrait absolument tenir compte.

Vu de loin, il y avait en effet de quoi s'inquiéter. Un tel niveau d'absentéisme était largement en dehors des standards industriels, a fortiori dans un secteur qui ne passe pas pour offrir des conditions de travail abominables.

Mais en regardant de près, la vision était moins inquiétante. De fait, 7 % des employés expliquaient 75 % des jours d'absence. On était donc loin de la déstabilisation générale dénoncée par le CE. Les absences de courte durée, les plus pénalisantes pour l'organisation du travail, ne représentaient qu'un absentéisme de 3 % en janvier et seulement 1,5 % en mars. Lorsque je donnai ces détails au CE, mes interlocuteurs se rendirent compte que leur vision globale était erronée, et ils cessèrent progressivement de faire pression sur ce point.

Je n'allai pas jusqu'à partager avec eux ce que Michaël m'avait dit un soir de décompression : « l'absentéisme, j'en souhaite encore plus. Parce que ce sont mes boulets qui s'absentent, et quand ils ne sont pas là, je bats des records de productivité… »

La question du harcèlement moral

Leur second sujet de prédilection était donc le harcèlement moral. Le thème de la souffrance psychique au travail s'est imposé en France, notamment à l'occasion de suicides sur les lieux de travail, évènements dramatiques nouveaux, bien caractéristiques des « progrès » de notre époque. Que cette réalité soit prise en compte, notamment par des obligations de prévention des risques psycho-sociaux est une bonne chose. Mais que l'arsenal législatif mis en place serve à menacer l'encadrement qui tente de faire son métier avec énergie, c'est inacceptable.

Remettre à l'endroit ce qui avait été mis à l'envers demandait du courage et de l'énergie à notre encadrement. Que cela plaise ou non, pour procéder à la remise en ordre indispensable, il fallait bien d'une part « donner des ordres », et d'autre part obéir à ces ordres. Quand on en a perdu l'habitude, cette obéissance peut être ressentie comme insupportable par certains, qui, en réaction, vont alors se plaindre de harcèlement. D'autant plus si leur chef les a menacés de sanctions négatives.

Quel chantage inacceptable !

Dans certains des cas qui m'ont été remontés, la formulation des ordres ou le ton sur lequel ils avaient été donnés, pouvaient apparaître un peu vifs sinon brutaux. Sur un terrain de rugby, ils auraient été qualifiés de « virils mais corrects »… Cependant, lors de mes discussions avec le CE, il ne m'a jamais été rapporté le moindre cas d'une volonté délibérée de « casser » ou d'humilier une personne. Michaël savait d'ailleurs que je le soutiendrais sans faille dans ses efforts de reconquête du terrain, à condition de respecter les personnes. Il avait passé le message à ses chefs d'équipe.

Il y eut un cas particulier, cependant, qui entretint un moment la polémique. Il s'agissait d'une jeune femme, Martine, affectée au conditionnement. Dans l'usine, tout le monde connaissait Martine. Elle avait été une fort jolie femme disaient les anciens, et avait été reconnue comme l'une des meilleures opératrices du conditionnement. Et puis, les choses s'étaient gâtées. Sa vie familiale s'était décomposée, et elle ne l'avait pas supporté. Une dépression en avait résulté, une hospitalisation de longue durée suivie d'une convalescence chaotique.

Elle avait fini par reprendre le travail, parce que son médecin traitant l'avait convaincue qu'elle se rétablirait plus rapidement en venant travailler qu'en restant toute seule chez elle.

Michaël l'avait donc réintégrée sans enthousiasme, et s'était vite rendu compte qu'elle ne pouvait plus tenir un poste normal au conditionnement. Sous traitements, Martine évoluait au ralenti, manquait d'attention et ne pouvait plus tenir le rythme des lignes. Par contre sa sensibilité semblait décuplée. Lorsque Michaël lui annonça sa décision de l'affecter au conditionnement manuel, elle le prit très mal parce que c'était la ligne réservée aux personnes handicapées de l'usine. Après avoir vivement protesté, elle alla donc se plaindre auprès du délégué du personnel présent. On l'avait harcelée pour qu'elle tienne la cadence, et comme elle avait échoué, on la dégradait en la mutant dans un atelier « poubelle ». Puis, elle prit un congé maladie…

Elle revint dans l'usine le premier jour de janvier. Ce qui me donna l'occasion de la croiser dans l'atelier. Alors que je faisais ma tournée pour présenter mes vœux de bonne année, Martine sort dans l'allée et se plante devant moi :

– Monsieur, il faut que je vous voie

– Eh bien, c'est fait…

– Je veux dire, il faut que je vous voie parce que ça ne va pas

– Qu'est-ce qui ne va pas ?

– Michaël a souhaité une bonne année à tout le monde, sauf à moi !

– Je comprends…

– Cela ne peut plus durer !

– Je suis d'accord pour vous recevoir. Demandez donc à votre chef d'équipe de prendre rendez-vous pour vous avec moi

Fidèle à ma ligne de conduite, tout écouter et ne rien décider à la place des responsables, je préviens aussitôt Michaël de la teneur de cet échange et le rassure en lui confirmant ma seule intention d'écouter Martine.

Trois jours plus tard, je passe deux heures en sa compagnie dans mon bureau. Elle me raconte toute sa vie, en me confiant des détails parfois assez sombres et douloureux. Puis elle me dit combien elle s'estime maltraitée par Michaël, qui ne veut pas tenir compte de son état de faiblesse. Elle reconnait qu'elle est encore sous traitement, et qu'effectivement elle n'est pas en état de rendre les mêmes services qu'auparavant. Mais que ce n'est pas une raison pour la traiter comme un chien.

Après l'avoir longuement écoutée, je lui rappelai les exigences basiques du travail, applicables sans distinction par toute personne. Je lui demandai d'écouter à son tour l'encadrement qui avait comme responsabilité de la faire travailler au mieux de ses capacités. Je comptais sur elle pour faire de son mieux. En me quittant, elle me remercia de lui avoir consacré autant de temps.

Sur le fond, rien n'avait changé. Cependant, Martine savait maintenant qu'il y avait au moins une personne qui lui témoignait de l'intérêt dans l'usine. Michaël découvrit à cette occasion qu'on pouvait faire le job avec rigueur tout en étant un peu plus souple.

Quelques semaines plus tard, je présidai un groupe de travail composé de représentants du personnel destiné à formuler des propositions en matière de prévention des risques psycho-sociaux. Entamée sur le mode classique, « nous sommes les bons employés, vous êtes le méchant employeur », je pus sortir de cette vision dialectique stérile en me servant de l'exemple de Martine. Sans jamais mentionner son nom, je mis mes interlocuteurs en situation de résoudre les problèmes posés par une personne en état de fragilité. Comment prendre en compte cette situation sans transiger sur le niveau d'exigence propre à l'exercice de notre métier pharmaceutique ? Qui peut agir ? Dans quelles limites ?

Tout le monde avait compris de qui il s'agissait et l'exercice d'atterrissage dans le concret que je leur proposai porta ses fruits. Chacun reconnut que la première difficulté tenait à l'existence d'un état pathologique dont aucun d'entre nous ne connaissions ni les causes ni la profondeur. Confrontés à cette situation où des médecins avaient prescrit une reprise du travail à une personne pour l'aider à sortir d'un état dépressif, nul n'avait de recette toute faite. Chacun admettait cependant que cette fragilité n'avait pas pour seule origine les conditions de travail de l'usine. Il fallait donc préférer des formules d'accompagnement à des formules d'affrontement. Et encourager les responsables d'équipe plutôt que les condamner.

La question des effectifs

Le troisième sujet de préoccupation du CE était les effectifs. Chaque mois, nous examinions ensemble le carnet de commandes dont dépendait la charge de travail de l'usine et commentions l'évolution des effectifs. La proximité des réalités du terrain permet de se retrouver sur un principe simple : c'est le travail commandé et payé par des clients qui fait l'emploi. C'est l'efficacité du service rendu aux clients qui pérennise le travail. La lutte légitime pour l'emploi passe donc par la mobilisation générale en faveur du retour de la compétitivité du site et de la confiance des clients. Dans une entreprise qui perd 15 % de son chiffre d'affaires chaque mois, il ne reste heureusement aucune place pour des positions idéologiques contraires.

La situation économique désastreuse initiale imposait de réduire autant que possible les effectifs de structure de l'usine. Se mettre d'accord sur les objectifs et une méthode « sans traumatisme » fut l'objet de nombreuses discussions avec Camilla et Valentin. Dans un site de taille modeste, la prise en compte de paramètres qualitatifs est déterminante. On ne peut pas se contenter d'utiliser des ratios ou de faire des règles de trois. Par exemple, un raisonnement seulement financier nous aurait conduits à supprimer les intérimaires présents en maintenance. Une économie facile à réaliser immédiatement. Sauf que parmi ces intérimaires, se trouvaient des compétences qu'il était crucial de conserver. J'ai donc choisi de faire passer en CDI les intérimaires les plus compétents et recherché des ajustements ailleurs. Le turn-over naturel offrit de nombreuses opportunités : les départs en retraite et démissions ne seraient pas systématiquement remplacés.

Le CE n'ignorait pas mes intentions et ne s'y opposait que pour la forme. Ses membres étaient plus au contact de la main d'œuvre directe, présente dans les ateliers. Si bien qu'au mois de mars, alors que notre fonctionnement avait déjà commencé à montrer des signes de redressement, ils me posèrent une question à propos de la baisse d'activité.

– Quelle baisse d'activité ?

– On le voit bien dans les ateliers, il y a moins de monde, donc l'activité baisse !

– C'est une illusion d'optique. Le carnet de commandes ne baisse pas. Par contre, nous travaillons mieux. Nous faisons moins d'erreurs. La proportion de « bon du premier coup » augmente. Donc nous avons besoin de moins d'heures de travail. Donc nous avons moins d'intérimaires…

Pendant les deux mois suivants, ils me posèrent les mêmes questions, qui appelèrent les mêmes réponses. A partir du mois de mars également, je les tins régulièrement informés des progrès du Plan d'Action. Chaque mois, je leur commentai le résultat d'exploitation de l'usine. Quand pour la première fois je pus leur annoncer un résultat positif, la défiance fut de mise. Quand les résultats positifs s'enchainèrent et se confirmèrent, ils me firent part de leur incrédulité.

– Comment se fait-il que les résultats aient changé comme cela ? Qu'est-ce qui a changé ?

– C'est vous qui avez changé, mais vous ne vous en êtes pas rendu compte. Chaque mois, nous avons fait ensemble des progrès. Nous nous sommes mis à travailler de mieux en mieux, sans accomplir de grande action spectaculaire ni faire de révolution. Tous ces progrès, d'abord visibles sur le terrain, ont fini par se voir dans les comptes.

Au fond, je n'ai pas cherché à les convaincre par un discours. Je me suis seulement efforcé de beaucoup les écouter, de leur parler vrai, de leur démontrer mon intérêt pour la connaissance des réalités du terrain et de leur expliquer sans complexe mon souci pour la justice.

Au fil du temps, notre relation a évolué et je n'eus pas à m'en plaindre. Ne dit-on pas qu'on a les représentants du personnel qu'on mérite ?

Les impératifs de reconnaissance

La politique salariale du site était à zéro depuis deux ans. Dans l'esprit du Groupe, cette décision était justifiée par l'insuffisance des résultats économiques de l'usine et avait également un but pédagogique. La Direction avait cru bon d'expliquer au personnel qu'il suffirait de travailler plus et mieux pour regagner les moyens nécessaires à l'augmentation des salaires. Sur le terrain, les gens avaient bien compris le message : c'étaient eux les coupables. S'ils n'avaient pas d'augmentation, c'était bien leur faute…

Inutile de dire que ce message avait été compris mais pas accepté. Pour les gens de l'usine, le manque de performance économique relevait de la responsabilité exclusive de la Direction qui n'investissait pas assez et acceptait trop facilement les baisses de prix demandées par les clients.

Lors de mes constats initiaux, je me suis bien rendu compte que l'objectif pédagogique de remotivation des troupes était complètement raté : le résultat obtenu était calamiteux…

Non seulement le personnel de tout niveau avait le sentiment d'être injustement traité et était devenu attentiste, mais plus grave encore, l'encadrement s'était désengagé de tout processus de reconnaissance.

D'autre part, les salaires moyens étaient proches des minis conventionnels et, après deux ans de blocage, la situation devenait absurde. L'Entreprise affirmait qu'elle n'avait pas les moyens d'augmenter les salaires, et pourtant elle y était contrainte pour aligner les salaires les plus bas sur la progression des minis de la profession. Le message envoyé était tout sauf cohérent et mobilisateur…

Familier des systèmes de reconnaissance individuelle depuis longtemps, je sais par expérience que la valeur ajoutée première de ces systèmes est d'obliger l'encadrement à s'occuper de très près de son personnel.

Une politique d'individualisation des salaires oblige en effet les chefs à prendre des décisions argumentées et « défendables » pour chacun de leurs collaborateurs. Quand chacun sait que le chef direct prend les décisions d'augmentation, une forte pression s'exerce sur ce dernier qui ne peut se défausser sur personne d'autre pour expliquer ses décisions. Cela lui donne intérêt à agir avec prudence pour justifier les différences de traitement. Cela l'oblige à se préparer sérieusement pour prendre en compte toutes les situations. Cela le pousse à maîtriser la pratique des entretiens d'évaluation et à apprécier les services rendus sur la base de faits concrets.

Quand la politique salariale est à zéro, il manque un moyen indispensable aux managers pour refermer la boucle de leurs PDCA de management. (cf. page 97). Privés des moyens de reconnaissance positive, les meilleurs d'entre eux sont guettés par « l'aquoibonite » : « à quoi bon m'occuper de mes collaborateurs si je ne peux rien faire pour améliorer leur situation ? » Et comment attendre des opérateurs les plus vertueux une attitude différente : « à quoi bon en faire plus, si personne ne peut rien pour moi ? »

Rapidement conscient de cette situation après ma découverte du terrain, je suis monté au créneau pour réclamer la réactivation d'une politique de reconnaissance sans laquelle je ne voyais pas d'espoir de remobilisation. Il me semblait indispensable de pouvoir récompenser les éléments moteurs et de remettre en route les processus managériaux de reconnaissance.

Revitaliser la politique de reconnaissance

Je proposai donc à Valentin et à Camilla la méthode suivante : je demanderai à chaque Directeur de me faire des propositions d'augmentation de salaire pour les personnes qu'ils jugeraient indispensable de distinguer pendant les douze prochains mois. Je ne leur donnerai pas de valeur moyenne de référence, mais ferai appel à leur capacité de jugement dans le cadre du contexte qu'ils connaissaient. Au vu de leurs propositions argumentées, nous pourrions alors décider du budget correspondant.

Cette approche « à l'envers » consistant à partir des besoins de reconnaissance pour estimer un budget aurait pu être dangereuse. Elle ne le fut pas. Les Directeurs firent preuve de tout leur savoir faire managérial, revu et corrigé par mes soins… En effet, cet exercice de valorisation mit en évidence les talents managériaux de mes directeurs. Les meilleurs n'eurent pas de mal à faire des choix et à en expliquer le bien fondé. Pour les autres, il apparut clairement que les attentes communiquées à leurs équipes étaient floues et que l'évaluation de la performance manquait de sérieux.

Après discussion serrée de chaque proposition, le budget envisagé s'élevait seulement à 0,6 % de la masse salariale et concernerait environ une personne sur cinq. L'effort financier était donc mineur, et hors de proportion face aux résultats escomptés…

Les premières décisions d'augmentation furent prises en février. En Production, Michaël distribua quelques augmentations et primes. Appliquant fidèlement le processus de prise de décision décrit plus haut, il mit ses agents de maîtrise en situation de participer directement à ces décisions, sur la base de critères d'évaluation bien définis et de jugement partagé sur l'évaluation de la performance des uns et des autres.

La solidité de cette préparation fut exemplaire et porta ses fruits. Les agents de maîtrise n'eurent aucune difficulté à expliquer les décisions prises. Ils surent comment répondre factuellement aux critiques classiques des augmentations « à la tête du client ». Ils furent à l'aise pour inviter gentiment ceux qui se plaignaient à faire preuve des mêmes qualités au travail que ceux qui venaient d'être reconnus.

L'espoir revint petit à petit. Michaël me confia sa surprise et sa satisfaction de constater les effets produits à si peu de frais sur ses éléments moteurs. Sur le terrain, le climat de travail se mit à évoluer dans le sens souhaité. Rien de spectaculaire immédiatement, mais des îlots de confiance regagnée, qui feraient boule-de-neige.

Plus remarquable encore, l'un des agents de maîtrise qui s'était distingué par son mauvais esprit, « vira de bord » quasiment du jour au lendemain. Son comportement critique était devenu inacceptable et j'avais encouragé Michaël à le « passer à la planche à secousses » pour l'amener à prendre position : ou bien il accepterait de jouer le jeu et d'exercer son métier en cohésion avec l'ensemble de la ligne hiérarchique, ou bien il faudrait qu'il change de métier, voire d'entreprise…

Michaël et moi-même étions pessimistes sur l'issue de cet entretien. Et pourtant, à notre surprise complète, dès le lendemain, son comportement changea radicalement en bien. Après deux semaines d'observation et de confirmation, je demandai à Michaël ce qu'il comprenait de ce changement aussi inattendu. Sa réponse tint en deux arguments principaux : d'abord l'entretien musclé sur le sens du métier d'agent de maîtrise et sur nos attentes avait été très utile. Mais le basculement n'aurait pas eu lieu si cet agent de maîtrise n'avait pas été convaincu qu'il aurait désormais tous les moyens d'exercer son métier, y compris bien sûr les moyens de reconnaissance positive. Il avait été profondément blessé, deux ans plus tôt, lorsqu'il avait fait des promesses d'évolution validées par ses responsables, promesses qui finalement n'avaient engagé que ceux qui y avaient cru…

Décrédibilisé et démotivé, il s'était juré que l'on ne l'y reprendrait plus… En fait, il ne demandait qu'à y croire, il suffisait simplement de recréer les conditions voulues.

L'importance des critères d'évaluation

A mon avis, tout ce travail de reconstruction autour des processus de reconnaissance n'aurait pas été aussi fécond sans une approche originale des critères d'évaluation de la performance. Le choix de ces critères est en effet déterminant.

En bonne logique PDCA, on ne devrait évaluer que par rapport à des attentes exprimées. Or que sont ces attentes ? Simplement des attentes de résultat, parce que « seul le résultat compte » ? Ou bien des attentes qualitatives variées qui permettront d'obtenir les résultats ? Comment d'autre part s'assurer que performance individuelle et performance collective ne vont pas se trouver en opposition ?

Il se trouve que le Groupe a réfléchi à ces questions, avec l'aide du CPE, et en a déduit une vision politique. Exprimé simplement, le modèle d'obtention de la performance qui en découle repose sur de la compétence transformée en résultats.

Décliné dans la pratique, ce modèle propose cinq critères principaux d'évaluation.

Le premier concerne la compétence professionnelle et son progrès. Le dernier concerne les résultats obtenus par rapport aux objectifs fixés.

Et puisqu'il s'agit de transformer la compétence en résultats, il est évident que les trois critères centraux sont des forces de transformation.

Comment en effet mettre en œuvre les compétences, individuellement et collectivement, pour être efficaces, individuellement et collectivement, dans la durée ?

En mettant simultanément en œuvre trois forces : valorisation des autres, cohésion et proposition.

Ces trois forces ne sont ni plus ni moins que les comportements et attitudes dont chaque personne estime avoir besoin de la part des autres, collaborateurs, collègues et chefs, pour bien effectuer le travail demandé. Détaillées en exemples concrets, ces trois forces peuvent être observées au quotidien par les managers de proximité. Chacun peut s'y retrouver parce que ce sont les attentes de chacun qui ont été retenues par l'entreprise et qu'elles font du sens.

Le choix de ces critères oriente le travail du management : le chef n'est pas simplement celui qui exige des résultats, mais celui qui apporte une valeur ajoutée en veillant particulièrement aux conditions d'obtention du résultat.

C'est en quelque sorte la pratique d'une approche agricole : les paysans savent bien qu'il ne faut pas épuiser la terre mais au contraire l'enrichir et la soigner pour espérer obtenir de bonnes récoltes. Ils savent bien qu'il serait inutile de tirer sur la tige d'une fleur fanée pour lui faire retrouver sa vigueur. Leur bon sens les amène plutôt à veiller à ce qu'elle ait l'eau et les minéraux dont elle a besoin pour se développer toute seule…

Cette culture paysanne appliquée au monde pharmaceutique m'est apparue être un facteur de compétitivité évident et particulièrement plaisant.

Résultats

Arrivé à Eybouleuf en novembre pour une durée d'environ quatre mois, j'y resterai en fonction jusqu'au mois d'août, soit finalement un peu moins de dix mois.

Comme les comptes du Groupe sont arrêtés fin juin, il est assez facile de comparer les deux semestres successifs où les résultats des changements décrits dans ce livre peuvent être évalués.

Quelques évolutions en pourcentage tirées des indicateurs principaux de performance des premier et deuxième semestres en donneront une bonne idée :

– Coût de la non qualité – 75 %

– Productivité fabrication + 25 %

– Productivité conditionnement + 40 %

– Respect du planning + 25 %

– Effectif de production - 25 %

Le taux de service aux clients est passé de 50 % à 95 %.

Chiffre d'affaires + 19 %

Dépenses d'exploitation - 8 %

Ratio Résultat / Chiffre d'affaires :
de - 20 % à + 0,6 %

La situation financière appréciée à fin juin n'était pas brillante, mais au moins elle était positive. Les tendances observées sur les mois d'avril, mai et juin donnaient confiance dans la poursuite du redressement. Entre la situation de départ et la situation d'arrivée, tous les indicateurs étaient en vert.

L'augmentation du chiffre d'affaires de 19 % ne correspondait pas à une augmentation du carnet de commandes mais au rattrapage des retards. Il est remarquable de noter que cette activité vendue supplémentaire a été réalisée dans de bien meilleures conditions puisque les dépenses d'exploitation correspondantes ont baissé de 8 %. Signe indiscutable d'une amélioration significative du fonctionnement de l'usine.

Si la performance d'ensemble est apparue en nette amélioration, les marges de progrès restent considérables. Le fonctionnement de l'usine est loin d'avoir atteint les meilleurs standards, mais cet objectif est maintenant à portée de main. Il appartiendra à mon successeur d'y veiller.

Car successeur je vais avoir, enfin…

Il aura fallu six mois pour identifier Frédéric et conclure avec lui. J'aurai naturellement joué mon rôle dans ce recrutement. Et Frédéric me dira que parmi ses raisons d'accepter l'offre qui lui avait été faite, le souvenir de notre première visite d'atelier un soir avait pesé lourd. Il avait été très frappé par la qualité et la simplicité de la relation que je semblais avoir avec toutes les personnes rencontrées sur notre passage. Les bonnes vibrations qu'il avait perçues lors de cette promenade vespérale l'avaient favorablement impressionné. Venant lui-même d'un univers industriel concurrent mais conflictuel, et ayant entendu parler en mal de notre usine, il avait été pris à contre pied. Ce qu'il avait vu ne correspondait pas à ce à quoi il s'attendait, et cela lui avait beaucoup plu…

Au fond, peut-être l'un des résultats les plus inattendus de cette période n'est-il pas cette « chance » d'avoir pu convaincre un excellent candidat en lui montrant concrètement des réalités encourageantes devenues visibles sur le terrain ?

L'avis du Comité d'Entreprise

Le CE eut une occasion de s'exprimer sur ce qui avait changé. Samuel, notre PDG, eut effectivement besoin de venir lui-même expliquer aux représentants du personnel le projet de restructuration du capital du Groupe prévu fin juin. Après l'avoir écouté présenter ce projet qui ne les inquiétait guère, les membres du CE eurent un échange assez vif avec Samuel sur la situation de l'usine. Après avoir donné leur avis sur les causes de la déconfiture passée, et ses responsabilités en tant que dirigeant, ils me mirent mal à l'aise en faisant ce qui ressemblait bigrement à mon éloge. Ils tenaient absolument à avoir l'assurance que mon successeur serait « bien » choisi, c'est à dire qu'il poursuivrait les actions que j'avais engagées et qu'il serait fidèle aux mêmes valeurs.

Samuel les rassura et je fis de mon mieux pour leur décrire un Frédéric qui serait le patron dont ils avaient besoin. Il avait compris la situation de l'usine et avait envie de poursuivre ce qui avait été entrepris sur les mêmes bases.

Avec leurs mots, les membres du CE avaient exprimé l'essentiel. Ils avaient eu peur pour leur avenir et étaient maintenant rassurés. Ils ne savaient pas vraiment conceptualiser ce qui avait bien pu se passer dans cette usine, sans doute parce que rien de très nouveau ne s'y était vraiment fait. Ils se sentaient mieux aujourd'hui, peut-être parce que le retour à l'ordre visible dans le fonctionnement de l'usine s'était opéré tranquillement, sans crise apparente. Le retour à la normale leur semblait bien naturel après tout…

Mais ils étaient sûrs d'une chose : ils devaient cette situation nouvelle au seul changement significatif de la période, à savoir leur nouveau patron.

Au fond, la principale revendication des représentants du personnel ne serait-elle pas d'avoir un « bon » patron ?

En sortant de cette réunion, Samuel se tourna vers moi et me dit : « ils ont l'air de bien vous aimer… » Je me défendis en lui disant que c'était normal qu'ils jouent ce jeu face à lui, mais l'impression dura…

Ai-je-été le « bon » patron décrit par mes « amis » du CE ? En valeur absolue, sûrement pas. J'ai bien trop conscience de mes limites pour laisser mes chevilles enfler « à l'insu de mon plein gré ». Mais par comparaison avec mes prédécesseurs, le doute est permis…

Dans ce témoignage, je ne me suis pas attardé sur ce que j'ai raté, sans doute victime consentante du syndrome du mémorialiste en herbe qui ne veut laisser de son passage qu'une trace inattaquable…

Je sais cependant ce que j'ai voulu faire dans cette usine : remettre à l'endroit ce qui avait été mis à l'envers, en utilisant des méthodes simples que mon successeur pourrait facilement faire siennes.

Créer un environnement de travail ou chaque personne soit respectée dans son domaine de responsabilité a été le fil conducteur de ma politique. Expliciter l'ordre des choses. Faciliter le travail de chacun en clarifiant et faisant respecter des règles qui donnent un intérêt personnel à agir avec les autres pour être collectivement efficace.

Ainsi, faire prendre les décisions par les responsables, tenir un langage de vérité, dire ce qu'on fait et faire ce qu'on dit, apporter valeur ajoutée aux personnes, donner corps et sens aux processus de reconnaissance, ces lignes directrices simples mais exigeantes au quotidien se sont avérées être d'une fécondité réjouissante…

Faut-il ajouter que je n'aurais rien pu accomplir sans la confiance et le soutien de Samuel, Camilla et Valentin ? Pendant ces neufs mois, nous nous sommes parlés très fréquemment, de façon le plus souvent informelle et naturelle. J'ai régulièrement pris l'initiative de les associer à mes réflexions sur les sujets d'importance et de les informer au fil de l'eau des évènements les plus significatifs. La simplicité et la fluidité de nos échanges ont singulièrement marqué nos relations de travail et allégé d'autant les processus de reporting.

Faut-il ajouter enfin que les succès retrouvés sont à porter au crédit de toutes ces personnes remarquables de l'usine qui, les premières, ont montré l'exemple et entraîné derrière elles leurs collègues de bonne volonté. Je ne peux malheureusement citer leurs noms, à l'exception de celui de Michael qui aura joué un rôle de premier plan dans cette aventure.

Deux ans après avoir quitté Eybouleuf, l'usine va bien, moralement et financièrement. Les témoignages que je reçois épisodiquement m'indiquent que Frédéric a fait siennes les voies tracées et que ce qu'il accomplit, dans son style, porte des fruits reconnus par tous.

Enseignements

Comme je crois l'avoir montré, toute chose étant égale par ailleurs, la façon de faire travailler une communauté détermine sa dérive vers le précipice ou sa marche vers le succès.

L'exemple d'Eybouleuf a la force d'une expérience de laboratoire.

Le volume à produire n'a changé ni en structure ni en prix. Les moyens de production ont été maintenus. La quasi totalité des personnes est restée stable, à l'exception notable de deux directeurs et du patron du site.

Le seul véritable changement a été le changement d'orientation managérial, basé sur les fondamentaux exposés au fil de mon récit.

Je peux aussi affirmer que la mise en œuvre du modèle d'obtention de la performance voulu par le Groupe a été déterminante. J'ai inlassablement travaillé au développement des compétences et transmis mon énergie pour aider la ligne hiérarchique à manifester ses forces de valorisation des autres, de cohésion et de proposition. Il semble que les résultats aient suivi…

Comme je crois l'avoir démontré au travers de cette aventure de dix mois, l'inversion de tendance qui a sorti de l'impasse cette usine n'a dépendu que d'actions simples, apparemment consternantes de bon sens et allant toutes dans la même direction.

Il faut cependant répondre à une question embarrassante : comment se fait-il que des actions reconnues comme aussi simples n'aient pas été mises en œuvre par mes prédécesseurs ? Comment se fait-il que les dirigeants se soient rendus compte aussi tardivement des dérives ? Pourquoi ce qui apparaît aussi simple, voire simpliste, comme devant s'accomplir naturellement de soi-même, s'avère-t-il aussi malaisé ?

Face aux désordres en tout genre initialement rencontrés à Eybouleuf, ma première ligne de conduite fut : « remettre à l'endroit ce qui était à l'envers ». Pour avancer, il m'avait fallu repérer les causes principales de « mise à l'envers » pour faire des progrès décisifs. Parmi toutes les causes possibles, les désordres rencontrés sur le terrain auraient-ils pu avoir une origine dans le désordre des cerveaux ?

Dans une formule limpide, Albert ENSTEIN nous a laissé plus qu'une indication : *« On ne peut résoudre les problèmes avec les modes de pensée qui les ont engendrés. »*

Le poids des modes de pensée

L'expérience d'Eybouleuf m'est apparue pleine d'exemples de ces modes de pensée inadaptés qui conduisent à l'échec d'excellentes personnes animées des meilleures intentions.

Le premier exemple est celui de l'absence de différences entre fautes et erreurs faite par Michael (cf. p. 92). Imprégné d'un mode de pensée mécaniste, il ne concevait pas de différence parce que, de son point de vue très rationnel, leurs conséquences étaient identiques. Sans en avoir pleinement conscience, il avait fait sienne la croyance selon laquelle seuls comptent les résultats.

Concentré sur les conséquences, il ne voyait pas pourquoi perdre son temps précieux à analyser finement les causes et les circonstances particulières. Il ne comprenait pas l'intérêt humain de traiter différemment celui qui « avait fait exprès » de celui qui « n'avait pas fait exprès ».

Il oubliait que le résultat est la « res ultima », c'est à dire ce qui vient à la fin, qui dépend donc de la combinaison d'un ensemble de facteurs mis en œuvre antérieurement, dont la volonté de bien faire.

En outre, sa conception égalitaire le rassurait quant à la justice de ses décisions de sanction négative…

Car dans son raisonnement mécaniste, est juste ce qui est égal, d'un point de vue seulement quantitatif et mesurable…

Concentré sur le passé (les résultats), il pensait mieux réussir dans le futur grâce à ses sanctions égales. Il ne se rendait pas compte qu'il risquait de décourager les bonnes volontés au lieu de les encourager et que, bien loin de corriger des comportements inacceptables, il risquait fort d'en développer de plus pervers.

Dans son mode de pensée, il lui manquait donc les quelques éléments d'anthropologie élémentaire qui lui auraient permis de mieux intégrer certaines clés de compréhension des comportements de ses collaborateurs et de leurs raisons d'agir. Bien que très présent sur le terrain, il ne « voyait » pas cette part de réalité humaine, modélisée nulle part et absente des procédures. Confronté à un sérieux problème, il avait recherché une solution en oubliant une partie des données…

Si je ne l'avais pas provoqué avec mes questions, je n'aurais pas compris sa façon de fonctionner et je n'aurais rien tenté pour le faire évoluer. S'il n'avait pas été aussi curieux pour la découverte de ces réalités humaines, négligées lors de son brillant cursus de formation d'ingénieur, il n'aurait pas accepté de se remettre en question et n'aurait pu améliorer autant ses pratiques de management.

Peut-on vraiment diriger des hommes sans bien les connaître ? Sans les comprendre à la fois anthropologiquement, ce qui suppose d'avoir étudié sérieusement ce sujet, et sans les avoir rencontrés vraiment, ce qui requiert une expérience concrète de la nature humaine touchée sur le terrain.

Ne pas prendre en compte la nature humaine, en ignorer les besoins fondamentaux, mène à bien des échecs douloureux. Certains courants de pensée développent une connaissance fine de l'Homme, pour mieux l'instrumenter, dans l'ordre politique comme dans la vie professionnelle.

Comment lutter contre cette tendance sans accorder à la dignité de chaque personne une valeur absolue ?

Un deuxième exemple de mode de pensée défaillant peut être tiré de l'histoire des « débris de coquilles d'œuf » où Dirk, le Directeur Qualité, pensait avoir bien fait son job en appliquant scrupuleusement les procédures (cf. p. 122). Dans cette affaire, chacun des acteurs concernés pouvait être satisfait d'avoir bien travaillé, conformément aux règles, même si cela les conduisait à arrêter une production pendant un mois, à rendre furieux notre premier client et, accessoirement, à creuser nos pertes financières.

Le mode de pensée critiquable résidait dans la croyance solidement intériorisée de certains « managers » dans la valeur des systèmes et des procédures. L'industrie pharmaceutique offre sans doute un terrain particulièrement propice à cette dérive. L'esprit analytique et procédurier y prévaut facilement au détriment de l'intelligence de ce qui se joue sur le terrain. Le poids des procédures tend à déresponsabiliser les personnes qui y trouvent à bon compte une sécurité, mais qui finissent par perdre de vue le sens de leur métier.

Jusqu'à présent, les surcoûts engendrés ont été facilement absorbés par les marges confortables de cette industrie. Ce temps est semble-t-il révolu pour les façonniers…

Dans cet exemple des « débris de coquilles d'œuf », c'est la sortie du cadre de référence, procédural et mécaniste, qui avait permis de rendre possible ce qui était impossible.

Pourquoi Dirk n'y avait-il pas pensé lui-même spontanément ? Que lui avait-il manqué ? Sans doute la conscience de l'impératif de service du client et la volonté de trouver coûte que coûte une solution qui protège ses intérêts. En quelque sorte, la vision globale d'un entrepreneur réaliste…

Un dernier exemple de mode de pensée défaillant est la décision prise par mon prédécesseur d'autoriser les démarrages de production par une personne appartenant à l'Assurance Qualité.

Cette décision s'était inscrite dans un contexte d'accumulation de problèmes qualité en production qui avaient contribué à élever le niveau de pression interne, dressé les uns contre les autres et inquiété certains clients. Il fallait évidemment réagir vigoureusement et rapidement.

Le changement décidé consista, entre autres, en la mise en place d'une nouvelle procédure : toute mise en production ne pourrait désormais être réalisée qu'après l'autorisation préalable d'une personne du Département Qualité. Le pouvoir de démarrage avait donc été donné à une personne extérieure à la Production, pour les meilleures raisons du monde. Pour prévenir les problèmes, on avait ajouté un peu de contrôle en amont, on avait verrouillé avec une procédure et une check-list, on s'était assuré de la mise en place des moyens, et hop, le tour avait été joué…

Cette décision avait même été validée par les clients à qui elle avait été présentée pour les rassurer…La Direction Générale avait également approuvé.

Comme je l'ai indiqué dans la relation de ma découverte de terrain, l'effet principal, mais masqué, de cette décision fut la déresponsabilisation du personnel de Production, à commencer par sa ligne hiérarchique.

La défiance communiquée était évidente. C'était bien pour pallier aux déficiences de la Production qu'il avait été jugé nécessaire de donner le pouvoir à la Qualité, à la compétence et la conscience professionnelle irréprochables…

Personne n'avait vu la déstabilisation qui s'ensuivrait. Loin de traiter les causes de problèmes, le changement décidé en avait ajouté de nouvelles, bien plus profondes et perverses. L'encadrement de proximité avait perdu sa crédibilité et laissait faire. « Puisqu'ils sont si forts là-bas, laissons les faire… » Le sens des responsabilités tendait à s'évaporer. Le climat de défiance embellissait, l'hostilité latente entre départements Production et Qualité pourrissait l'atmosphère, les progrès étaient inexistants.

Et pourtant, ceux qui avaient pris cette décision funeste étaient convaincus qu'il fallait respecter une règle d'or de management : « Respecter chacun dans son domaine de responsabilité, et pour cela, équilibrer au mieux responsabilités et pouvoirs » (cf. p. 66)

Ils avaient entendu raconter la fable du clou et du marteau avec un petit sourire suffisant qui voulait dire : « l'image est belle mais tout cela n'est pas très élaboré, n'auriez-vous pas quelque chose de plus novateur ? »

Mais que manque-t-il donc pour comprendre des choses simples ?

Comme aimait à le dire de façon imagée François Michelin : « Prenez un lapin : vous avez une tête de lapin, des pattes de lapin et tout cela vit. Mais si vous coupez la tête et les pattes pour l'étudier, vous n'avez plus de lapin. Vous avez tué la vie. Il y a un excès de raisonnement et d'analyse qui conduit à la mort. »

Il ajoutait : « il faut trois ans pour former un ingénieur en école, il nous en faut autant pour le rééduquer sur le terrain. »

Le terrain est en effet irremplaçable pour faire l'expérience de la réalité, à condition d'être guidé d'une main ferme vers la découverte des faits techniques et humains. Alors, les capacités de raisonnement et d'analyse peuvent s'exprimer pleinement et se montrer fécondes.

En définitive, si les systèmes sont nécessaires, il me semble qu'il faudrait en même temps maintenir suffisamment de liberté pour y échapper et les faire évoluer. Mieux vaut une règle qu'un règlement, si l'on veut conserver toute sa vitalité…

Cette liberté ne peut être féconde sans la responsabilisation qui fait grandir les personnes, dans le cadre de règles de fonctionnement communes qui donnent intérêt à bien faire. C'est à cette condition que l'humanisation des lieux de travail peut prendre sa vraie dimension.

Cet équilibre, non des contraires mais des complémentaires, qui ressemble à la vie dans toute sa complexité, n'est-elle pas au cœur de l'art de manager ?

L'importance décisive du cadre politique

En matière de management tout se tient.

Par exemple, il existe un consensus autour de quatre fondamentaux pour avoir des salariés impliqués et pleins d'initiatives : simplifier le travail, partager l'information, donner autonomie et autorité, considérer les personnes en tant qu'êtres humains.

Mais pour être féconds, ces principes doivent s'imposer à tous les étages de l'organisation de l'entreprise et rester liés les uns avec les autres.

Illustration : à quoi sert-il de partager l'information avec les salariés de première ligne s'ils ne disposent pas de l'autonomie nécessaire pour transformer l'information reçue en bonne décision ? Inversement, à quoi servirait-il de donner cette autonomie si les canaux d'information restent verrouillés aux niveaux supérieurs ? Comment déléguer aux échelons les plus bas de réels pouvoirs de décision sans considérer les personnes en tant qu'êtres humains, suffisamment intelligents pour prendre des initiatives et dignes de confiance ? Enfin, comment espérer simplifier le travail, c'est à dire éliminer procédures et contrôles superflus, sans considérer que les personnes feront plutôt bon usage de leur autonomie au lieu de se comporter en délinquants ?

L'assemblage des fondamentaux ressemble donc un peu à un château de cartes : tout se tient, et il suffit qu'un seul de ces éléments fasse défaut pour que l'ensemble s'écroule.

La solidité de l'édifice repose sur une vision globale et une action coordonnée. L'engagement du patron et sa volonté de faire partager une même vision de ces fondamentaux par l'ensemble de ses collaborateurs sont alors décisifs. Concrètement, il s'agit de traduire la vision en lignes de conduite, puis en outils d'application, puis en actions.

Tout se tient donc de façon organique par la force d'une institution et non par l'application de recettes toutes faites.

J'entends par institution le cadre politique mis en place pour donner un intérêt individuel à toute personne de faire son devoir au service du bien commun de l'entreprise qu'est son client.

Parce qu'« on gouverne les hommes et qu'on administre les choses », cette institution est fondatrice. Elle met à leur juste place les techniques et recettes de management en leur donnant du sens.

Pour bien faire comprendre cette approche à mon CODIR, je me suis servi de la comparaison suivante :

Les professionnels du vin nous le disent : si vous mettez du bon vin dans un mauvais tonneau, vous obtiendrez de la piquette. Par contre, un vin ordinaire mis dans un bon tonneau ne pourra que s'améliorer… La maîtrise de cette alchimie du contact entre contenu et contenant est un facteur déterminant de la qualité du produit. Pour les connaisseurs, la barrique est un moyen incontournable de sublimer l'identité et la personnalité de chaque vin.

Il en va de même pour les personnes qui entrent dans les entreprises. Pour se bonifier, elles sont très sensibles à la qualité du contenant. Dans l'Entreprise, les douelles de la barrique sont ses règles de fonctionnement interne et la qualité de leur mise en application.

L'expérience montre que la première cause de démotivation des personnes tient à l'absence de règles (… donc la loi de la jungle prévaut…) ou à leur inapplication (… faites ce que je dis mais pas ce que je fais…) qui conduit au cynisme, au détachement, à l'absentéisme voire à l'opposition larvée.

Moralité, pour conserver et développer la motivation de nos collaborateurs, veillons à la qualité de notre barrique !

Si j'ai découpé le récit de mon action en tranches thématiques, il est pourtant clair que dès le début j'ai eu une vision complète de ce qui serait nécessaire. Cette vision m'a permis d'agir en parallèle sur des fronts différents sans perdre de vue la cohérence d'ensemble. Je me suis servi des événements pour mettre petit à petit à l'endroit ce qui se trouvait à l'envers. Les exemples tirés de la vie quotidienne m'ont aidé à faire de la pédagogie pour expliquer comment nous devions rétablir de saines règles de fonctionnement.

Et bien sûr, il ne suffisait pas de remettre en valeur des règles, il fallait les faire respecter.

Réagir aux incidents de fonctionnement

Dans toute communauté, la vie courante est ponctuée d'incidents de fonctionnement :

des bourdes sont commises, généralement sans faire exprès, par inadvertance, manque de temps, parfois même en cherchant à bien faire. Elles sont à l'origine d'un processus de dégradation des relations bien connu.

La perception de ces incidents par ceux qui les subissent entraîne potentiellement des conséquences psychologiques et intellectuelles qui ont à leur tour des conséquences sur l'action. Le doute et la crainte poussent au silence, à l'isolement, au repli sur soi, au désengagement, à la démotivation voire à l'opposition larvée…

Par exemple : dans une entreprise industrielle, une nouvelle commande urgente nécessite de réorganiser la production d'un atelier ; le directeur de production descend dans l'atelier et fait modifier les réglages des machines, modifie l'ordonnancement, sans en avertir le chef d'atelier.

En effet ce dernier s'est absenté pour suivre une formation au management. A son retour, il est informé des changements par ses subordonnés.

Dans cet exemple, la volonté de bien faire n'est pas en doute. Face à l'urgence, le directeur est réactif, la nouvelle commande sera honorée…

Pourtant, le chef d'atelier va s'interroger :

« *Pourquoi le directeur de production a-t-il pris des décisions sans moi ? Pourquoi ne m'a-t-il pas consulté ? Pourquoi ne ma-t-il pas informé ? Est-il donc maintenant normal d'être tenu au courant par ses propres collaborateurs ? Se rend-il compte que ma crédibilité est en jeu ? Le directeur a-t-il voulu me faire passer un message ? Me fait-il suffisamment confiance ? Dois-je lui parler de cet incident ? Finalement, ce n'est pas si grave… je ne vais pas l'ennuyer avec cela… Etc.* »

Si d'autres incidents de même nature se reproduisent, la frustration du chef d'atelier va grandir et selon son tempérament et les circonstances :

– il gardera le silence, mais saisira toute occasion pour se protéger et défendre son territoire

– il partagera sa frustration avec ses collègues (*dans cette boutique, les chefs font n'importe quoi !*)

– il cessera de prendre des initiatives (*puisqu'il est si fort là haut, qu'il se débrouille !*)

– il demandera sa mutation ou cherchera une autre entreprise

En réfléchissant un peu, une première évidence saute aux yeux : les incidents de fonctionnement existent partout, à tous niveaux. Il s'agit de réalités expérimentales universelles.

La seconde évidence est que, sans référence à des règles sous-jacentes, implicites ou explicites, il n'y aurait pas d'incidents.

Toute personne « victime » d'un incident estime en effet qu'une règle a été enfreinte à son détriment.

La troisième évidence est que le moyen le plus sûr d'alimenter le cercle vicieux de la dégradation consiste à ne pas réagir aux incidents.

La question pratique essentielle est alors de savoir qui doit réagir et comment.

A moins d'être « un sale con certifié », les fauteurs de troubles ont rarement conscience des dommages collatéraux qu'ils provoquent et de l'étendue de leurs conséquences. L'expérience montre donc que seules les « victimes » d'incidents peuvent réagir efficacement, tout simplement parce que personne d'autre ne peut le faire à leur place. Mais elles ne peuvent se livrer à cet exercice difficile qu'à la condition d'être suffisamment sécurisées.

Un environnement de travail où chacun peut s'appuyer sur des règles claires et applicables à tous offre cette sécurité. Les règles implicites de bon sens, auxquelles toute personne de bonne foi est supposée adhérer ne suffisent pas. C'est au management qu'il appartient de préciser de façon explicite les règles applicables et de s'engager fortement à les faire respecter.

J'ai connu un patron qui avait coutume d'alerter ses collaborateurs sur le syndrome du « *c'est pas grave* ». Ce qui est grave, disait-il, c'est de ne pas réagir rapidement à nos dérives de fonctionnement parce que là se trouvent les causes principales de nos pertes d'efficacité.

Respecter chacun dans son domaine

Passer par les personnes est donc une clé de la performance. « Respecter chaque personne dans son domaine de responsabilité » est au cœur des fondamentaux du management. Mais concrètement, comment faire ?

Comment respecter les personnes au travail ?

Suffirait-il d'être courtois ?

Suffirait-il de répondre à leurs attentes ?

Pour les identifier, il n'est pas nécessaire de faire preuve de beaucoup d'imagination. Il suffit d'écouter les personnes de toutes entreprises, de tous niveaux de fonction, exprimer leurs attentes vis à vis de leurs supérieurs hiérarchiques pour les aider à bien faire le travail demandé.

Les 26 attentes citées ci-dessous pourraient constituer l'alphabet de base des managers…

a. Dire bonjour

b. Connaître les gens par leur nom

c. Etre à l'heure

d. Tenir informé

e. Répondre aux questions
f. Ne pas raconter d'histoires
g. N'avoir qu'une parole
h. Tenir ses engagements
i. Donner des informations justes
j. Consulter dans le domaine de responsabilité
k. Tenir compte des avis formulés
l. Mettre en valeur idées et suggestions
m. Connaître les capacités et les talents
n. Etre exigeant, faire progresser
o. Donner des objectifs atteignables
p. Donner de l'autonomie
q. Déléguer des pouvoirs de décision
r. Donner les moyens correspondant aux objectifs assignés
s. Accorder sa confiance
t. Se rendre disponible
u. Ne pas court-cicuiter
v. Ne pas désavouer en public
w. Soutenir dans les difficultés
x. Féliciter en public
y. Reconnaître les services rendus
z. Sanctionner, positivement et négativement

Ces attentes sont exprimées avec constance et cohérence, depuis 50 ans, sous toutes les latitudes, dans toutes les entreprises où ces mêmes questions ont été posées, y compris à Eybouleuf.

Elles s'imposent comme un fait, une évidence quasi scientifique.

Elles brossent le portrait robot du « chef » dont les collaborateurs ont besoin pour bien faire leur travail, en soulignant la priorité donnée aux qualités de comportement attendues.

Cependant, ces attentes n'ont pas les mêmes propriétés que les baïonnettes dont Talleyrand disait qu'on pouvait tout en faire, sauf s'asseoir dessus.

Il reste en effet à leur donner toute l'importance qu'elles méritent dans l'entreprise. En leur donnant quasi force de loi, par exemple dans les critères d'évaluation de la performance, le management s'engage sur des repères communs sécurisants qui simplifient grandement la vie des collaborateurs.

Morale et économie

Ma première impression d'Eybouleuf fut la tristesse ambiante et la lourdeur du climat de travail. A dire le moins, les gens n'avaient pas le moral…

Le rapport entre le moral et la morale n'a jamais cessé de m'interroger. Pouvais-je espérer leur redonner le moral sans référence à des exigences morales ?

Mais y a-t-il des exigences morales liées à l'exercice du management ?

Y a-t-il des valeurs communes, universelles, qui sous-tendent ces exigences ?

Ces deux questions sont comme le sparadrap du Capitaine Haddock : toujours présentes, assez embarrassantes, et impossibles à évacuer…

Comment en effet aborder ce sujet, dans un contexte culturel marqué par l'individualisme et le relativisme ? Le vieux slogan soixante huitard, « il est interdit d'interdire », pour absurde qu'il apparaisse, continue d'imprégner fortement les esprits. Si chaque personne est créatrice de ses propres valeurs, la seule règle qui compte est la satisfaction des désirs individuels, de plus en plus considérée au fil du temps comme un droit.

L'entreprise peut-elle rester à l'abri de cette profonde évolution culturelle ?

La morale peut être définie comme l'ensemble des règles d'action et des valeurs qui fonctionnent comme normes dans une société et qui doivent s'imposer autant à la conscience individuelle qu'à la conscience collective. Comment alors surmonter le conflit entre l'individualisme et la nécessité de la vie commune ?

De l'aventure d'Eybouleuf, il me semble possible de tirer quelques enseignements.

La « communauté de travail » s'y est trouvée en danger de mort. Non pour des raisons économiques ou techniques : les marchés et clients étaient là, ainsi que les équipements et les savoir faire. La cause principale fut la désagrégation des liens des membres de la communauté de travail. La perte d'une vision commune, le manque de confiance, l'isolement, le défaut de coopération, furent quelques uns des symptômes visibles de cette désagrégation. La dérive des comportements qui s'ensuivit eut évidemment des conséquences désastreuses sur l'efficacité de cette communauté de travail et ses résultats économiques.

Dans ma découverte du terrain à l'écoute du personnel d'Eybouleuf, la souffrance « morale » exprimée par mes interlocuteurs de tout niveau fut aveuglante. Chacun se plaignait du défaut de réponse satisfaisante à des besoins fondamentaux communs.

Parmi ceux-ci, les besoins d'ordre, de vérité, de responsabilité, de justice, de sécurité et de reconnaissance paraissaient les plus notables. Chacun dans son propre langage, mes différents interlocuteurs avaient une conscience commune de ce qui devait se faire et qui ne se faisait pas. Ils exprimaient ainsi à leur façon la nécessité de travailler dans un cadre régi par des règles communes propres à revitaliser la communauté de travail et à répondre à leurs attentes individuelles. Pour l'essentiel, encore imprégnés d'une « morale naturelle », ils partageaient les mêmes attentes…

Au fond, quoi de plus banal que ce constat ? Pour bien vivre, toute communauté a besoin de règles afin de réguler harmonieusement les relations entre ses membres et lui permettre d'atteindre sa fin.

Trois questions pratiques se posent alors : de quelles règles s'agit-il, qui les définit, qui les fait respecter ? (Les règles ont-elles force de loi ?)

Dans la situation d'Eybouleuf, le cadre général des règles de fonctionnement avait été posé par la Direction Générale du Groupe et était communiqué lors des formations CPE aux fondamentaux du management. Les lignes directrices principales étaient connues, mais, il faut bien le reconnaître, leur mise en application sur le terrain était insuffisante. Cependant, pour le leader intérimaire que je fus, leur préexistence fut un atout majeur. Il ne me restait en effet plus qu'à les confirmer et à les faire respecter avec détermination.

Certains se plaisent à parler de « règles du jeu » applicables dans l'entreprise. Pour ma part, je trouve cette expression un peu faible et préfère le terme de « règles de vie », parce que la vie ou la mort de la communauté de travail en dépend.

Ce choix est naturellement plus exigeant pour le leader et l'ensemble de la ligne hiérarchique, parce qu'il réclame plus d'exemplarité, de modestie, de consistance et de persévérance.

Je me suis donc attaché à donner force de loi à ces règles, quitte à utiliser en une seule occasion le « carton rouge » pour bien faire comprendre le caractère vital de ces enjeux à la communauté de travail.

Je n'ai jamais eu le sentiment que la conscience individuelle était violentée par la nature des règles pratiquées. Bien au contraire, il m'a semblé que la simplicité et le « bon sens » qui avaient inspiré leur choix facilitaient l'adhésion du plus grand nombre.

Peut-on alors établir un lien direct entre morale et économie ?

Il me semble que la problématique de la convergence entre morale et intérêt personnel, rapidement évacuée car hors sujet pour certains philosophes kantiens, est pourtant une question centrale.

En effet, pour prendre un exemple trivial, il me semble que, dans la réalité, beaucoup se posent la question suivante : « faut-il être une crapule égocentrique pour réussir et gagner de l'argent ? »

Ce que je traduirais par : « je ne veux pas être une crapule, je ne veux pas perdre mon âme au travail… Je ne veux pas d'un monde où la fin justifie les moyens, où la loi du plus fort ou du plus malin l'emporte…Mais si les circonstances et l'environnement m'y poussent, que puis-je faire d'autre si je veux survivre ? »

Simone Weil, dans l'Enracinement, écrivait ceci :

« Le premier besoin de l'âme, celui qui est le plus proche de sa destinée éternelle, c'est l'ordre, c'est à dire un tissu de relations sociales tel que nul ne soit contraint de violer des obligations rigoureuses pour exécuter d'autres obligations.

L'âme ne souffre une violence spirituelle de la part des circonstances extérieures que dans ce cas. Car celui qui est seulement arrêté dans l'exécution d'une obligation par la menace de la mort ou de la souffrance peut passer outre, et ne sera blessé que dans son corps. Mais celui pour qui les circonstances rendent en fait incompatibles les actes ordonnés par plusieurs obligations strictes, celui-là, sans qu'il puisse s'en défendre, est blessé dans son amour du bien.

Aujourd'hui, il y a un degré très élevé de désordre et d'incompatibilité entre les obligations.

Quiconque agit de manière à augmenter cette incompatibilité est un fauteur de désordre. Quiconque agit de manière à la diminuer est un facteur d'ordre.

Quiconque, pour simplifier les problèmes, nie certaines obligations, a conclu en son cœur une alliance avec le crime. »

Dans cette perspective exigeante, le sens de l'action des leaders m'apparaît clairement : être des facteurs d'ordre.

Associer morale et management ne se révèle donc pas hors sujet mais indispensable. Dans cette optique, l'exercice de l'autorité est le service à forte valeur ajoutée que les dirigeants doivent à la communauté de travail qui dépend d'eux.

Sources d'inspiration

Éléments de bibliographie

L'enracinement, Simone Weil, Ed. Folio

Être heureux au travail, Yannick Bonnet, Presses de la renaissance 2006

Le Travail invisible Enquête sur une disparition, Pierre-Yves Gomez, 2013 François Bourin éditeur

Vous êtes chef ? ce n'est pas si grave !, Michel Soriano aux Éditions Maxima

Le pouvoir dans l'entreprise, Louis Salleron, éd. CLC

Les 9 fondamentaux de l'éducation, Yannick Bonnet, Presses de la renaissance 2007,

Et pourquoi pas ? Entretien avec François Michelin, Ivan Levaï et Yves Messarovitch, Éditions Grasset

Diriger est un art, Max De P*REE* Éditions Rivages Les Échos

Et si on faisait confiance aux entrepreneurs, Xavier Fontanet, Éditions Manitoba/Les Belles Lettres

Cahiers : joies et tourments d'un DRH, Xavier Grenet aux Éditions du Cerf

Au-delà du Management, Robert Townsend, Éditions Arthaud

Objectif Zéro-Sale-Con, Robert Sutton, Éditions Vuibert

Table des matières

Mise en page : LEN

Achevé d'imprimer en mars 2014 par LEN S.A.S. – 92150 Suresnes
Dépôt légal : mars 2014
Imprimé en France